जातक कथाएं

जातक कथाएं

सम्पादित
वसुन्धरा

रुद्र
रूद्र पब्लिशर्स एण्ड डिस्ट्रीब्यूटर्स

प्रकाशक
रूद्र पब्लिशर्स एण्ड डिस्ट्रीब्यूटर्स
एस-1, 5/587, सेक्टर-5,
वैशाली, गाज़ियाबाद-201002
Email: rudrapubdis@gmail.com

प्रथम संस्करण
2016

लेज़र टाइपसेटिंग और डिजा़इन
दर्पण वीडियो इण्डिया

कवर डिज़ाइन
मेराज खान

ISBN: 978-93-85496-. 0-1

मूल्य 650/-

मुद्रक
रोशन ऑफसेट प्रिंटर्स
वी-187, विजय पार्क
मौजपुर, दिल्ली-110053

दो शब्द

जातक शब्द का अर्थ है जन्म सम्बन्धी। जातक बौद्धों के त्रिपिटक साहित्य के खुद्दनिकाय के 15 ग्रन्थों में से 547 कथाओं का एक ग्रन्थ है। गौतम के बुद्ध होने से पूर्व अपने सब पिछले जन्मों तथा अन्तिम जन्म में उनकी संज्ञा बोधिसत्व रही है। बोधि का अर्थ है बुद्धत्व और सत्व का अर्थ है बुद्धत्व के लिए प्रयत्नशील प्राणी। जातक में बोधिसत्व के पूर्व जन्मों का उल्लेख है।

जातक कथाओं के उत्कीर्ण सांची, मरहुत के स्तूपों में हैं तथा अजन्ता की गुफाओं में अनेक जातकों का चित्रांकन है। जातक कथाओं का वर्तमान स्वरूप लगभग दो हज़ार वर्ष पुराना है।

लगभग सभी जातकों के आरम्भ में पूर्वकाल में वाराणसी में ब्रह्मदत्त के राज्य का वर्णन आता है। ऐतिहासिक प्रसंग में वहां ब्रह्मदत्त कोई राजा हुआ या नहीं? लगता है कि जैसे पौराणिक साहित्य में 'जनक' अनेक राजाओं की पदवी थी वैसे जातकों में ब्रह्मदत्त के राज्य का वर्णन है।

इन्हीं जातक कथाओं के आधार पर संस्कृत बौद्ध साहित्य में जातक-माला नाम का एक ग्रन्थ है जिससे उपजातकों का संकलन है।

जातक कथाओं ने भारतीय कथा-साहित्य को काफी प्रभावित किया। पंचतंत्र, हितोपदेश, कथा सरित्सागर की विभिन्न कथाएं जातकों से प्रभावित हैं। जातकों की कई कथाएं रूपान्तरित होकर विश्वभर में पहुंचीं। अरबी का हज़ार दास्तां एवं ईसप की कथाएं मूलतः पंचतंत्र से प्रभावित हैं जो वस्तुतः जातक कथाओं से ही उपजी हैं।

जातक कथाओं द्वारा मनुष्य के कर्म, धर्म, और कर्त्तव्यों के बारे में विभिन्न दृष्टान्त हैं। यह कथाएं अपनी कथा स्वयं कहती हैं। प्रस्तुत पुस्तक

में कुछ उत्कृष्ठ जातक कथाओं का संकलन कर प्रस्तुत कर रहे है। मनोरंजन के साथ-साथ इनमें मानवीय गुणों के उपदेश, हृदय उदार और शुद्ध बनाने तथा बुद्धि को प्रखर करने वाली कथाएं हैं, जिनका सुधि पाठक आनन्दपूर्वक पठन करेंगे।

अनुक्रम

बुद्धिमान तित्तिर 9
कंजूस सेठ 11
संगत का फल 17
स्वर्ण हंस 22
मणिकण्ठ 24
मूर्ख ब्राह्मण 26
दुश्चरित्र ब्राह्मणी 29
स्वर्ण-मृग 31
बन्दर का कलेजा 35
कुटिल तपस्वी 37
उल्लू और कौवे का वैर 39
ब्राह्मण और भेड़ा 40
लोभी कौवा 42
मूर्ख बन्दर 45
विषैला आम्रफल 46
एक रुपये का चमत्कार 48
मूर्ख बंजारा 52
तण्डुल-नलिका का मोल 58
भूरा मृग 61
सूअर का भरण भोज 62
फूट का फल 64

ठग बगुला 66
मरे हुए चूहे से व्यापार..69
मैत्री भावना...77
पुरुष सिंह...83
असात-मन्त्र 86
तृषित ब्राह्मण...90
नाम-सिद्धि 93
मूर्ख विद्यार्थी 95
पाखण्डी श्रृगाल...97
मित्र-धर्म...99
चुहिया और बिल्ली 103
लालच का फल 105
श्वेत हाथी 107
बड़ा कौन 111
उपकारी गिद्ध...114
पतित नारी 116
पूर्व जन्म 120
मूर्ख ब्राह्मण...123
छली बनिया 125
छत्तपाणि 127
पटरानी 135
महापिंगल 137
भूसिल...139
परोपकार का फल 144
तृष्णा का दूत...147
स्त्री आकर्षण 149

बुद्धिमान तित्तिर

पूर्व समय में हिमालय के पास बरगद का एक बड़ा पेड़ था। उस पेड़ का आश्रय लेकर तीन मित्र रहा करते थे—तित्तिर, बानर और हाथी।

लेकिन वे तीनों न एक साथ मिलकर रहते थे, न एक दूसरे का आदर करते थे, न सत्कार करते थे, न एक साथ जीविका करते थे। तब उनके मन में यह विचार हुआ, "हमारे लिए इस प्रकार रहना उचित नहीं है। हमें आपस में मिलना-जुलना चाहिए। जो हम लोगों में बड़ा है, उसका प्रणाम आदि सत्कार करना चाहिए।"

उस दिन से तीनों आपस में मिलने लगे। फिर उनके बीच एक प्रश्न उठा कि कौन सबसे जेठा है? इस बात का फैसला करने के लिए तीनों मित्र बढ़ के नीचे बैठे। वहां बैठने पर तित्तिर और बानर ने हाथी से पूछा, "सौम्य हाथी! तू इस वृक्ष को किस समय से जानता है?"

"मित्रो! जब मैं बच्चा था तो इस बरगद के वृक्ष को जांघ के बीच करके लांघ जाता था। जब जांघ के बीच करके खड़ा होता था तो इसकी फुनगी मेरे पेट को छूती थी। सो मैं इसके गाछ होने के समय से जानता हूं।"

हाथी के जवाब दे चुकने पर तित्तिर और हाथी ने बन्दर से वही प्रश्न किया। बन्दर बोला, "मित्रो! जब से मैं बच्चा था तो भूमि पर बैठकर, बिना गर्दन उठाए, इस बरगद की फुनगी के अंकुरों को खाता था। सो मैं इसे छोटा होने के समय से जानता हूं।"

वही प्रश्न तित्तिर के सामने दुहराया गया। वह बोला, "मित्रो! अमुक स्थान पर एक बरगद का पेड़ था। मैंने उसके फल को खाकर इस स्थान पर बीट कर दी। उसी से यह वृक्ष पैदा हुआ। इस प्रकार इसे मैं उस समय से जानता हूं, जब यह पैदा ही नहीं हुआ था।"

ऐसा कहने पर बन्दर और हाथी ने तित्तिर पण्डित को कहा, "मित्र तू हममें जेठा है। इसलिए अब से हम तेरा सत्कार करेंगे, अभिवादन करेंगे तथा तेरे उपदेशानुसार चलेंगे। अब से तुम हमें उपदेश देना और अनुशासन करना।" उस समय से तित्तिर उन्हें उपदेश देने लगा तथा अनुशासन करने लगा।

इस प्रकार वे पशु-योनि के प्राणी आपस में एक-दूसरे का आदर-सत्कार करते हुए जीवन के अन्त में देव-लोकगामी हुए।

कंजूस सेठ

पूर्व समय में वाराणसी में राजा ब्रह्मदत्त राज्य करता था। उस समय वाराणसी में इल्लीस नाम का एक सेठ था। उसके पास अस्सी करोड़ धन था। लेकिन वह पुरुष के दुर्गुणों से युक्त, लंगड़ा, लूला, बैंहगा, अश्रद्धावान्, अप्रसन्नचित्त तथा कंजूस था। न किसी को देता, न अपने-आप ही खाता था। उसका घर ऐसा ही था जैसे राक्षस-गृहीत पुष्करणी। हां, उसके माता-पिता सात पीढ़ी तक दानशील रहे। इसने कुल-मर्यादा का नाश करके दानशाला जला दी। याचकों को पीटकर बाहर निकाल दिया। केवल धन ही संग्रह करता था।

एक दिन वह राजा की सेवा में गया। लौटते समय उसने रास्ते में एक थके हुए नागरिक को देखा। वह शराब की सुराही ले, पीढ़े पर बैठकर, सड़ी हुई मछली खा, खट्टी शराब के कसोरे भर-भरकर पी रहा था। देखकर उसके मन में शराब पीने की इच्छा हुई। लेकिन वह सोचने लगा, "यदि मैं सुरा पीऊंगा तो मेरे पीने पर और बहुत लोग पीने की इच्छा करेंगे। मेरा धन खर्च होगा।"

उसने तृष्णा को मन में दबा लिया। लेकिन इस तीव्र इच्छा को न सह सकने के कारण उसका शरीर धुनी हुई रुई की तरह सफेद हो गया। गात धमनी को जा लगा।

एक दिन वह चारपाई पर सिमटकर पड़ रहा। उसकी भार्या ने आकर पीठ मलते हुए पूछा, "स्वामी! क्या रोग है?"

"मुझे कोई रोग नहीं।"

"क्या राजा क्रुद्ध हो गया?"

"राजा मुझसे क्रुद्ध नहीं हुआ है?"

"तो क्या तुम्हारे बेटा-बेटी, नौकर-चाकरों से कुछ अपराध हो गया है?"

"ऐसा भी कुछ नहीं।"

"तो क्या किसी चीज में तृष्णा हो गई है?"

श्रेष्ठी चुप रहा। तब भार्या ने पूछा, "स्वामी! तुम्हारी तृष्णा किस चीज में है?"

"उसने शब्दों को निगलते हुए की तरह कहा, "मेरी एक तृष्णा है।"

"स्वामी! क्या तृष्णा है?"

"शराब पीने की इच्छा है।"

"तो कहते क्यों नहीं? क्या तुम दरिद्र हो? अब इतनी शराब बनवा दूंगी कि सारे निगमवासियों के लिए पर्याप्त होगी।"

"तुझे उनसे क्या? वह अपने कमाकर पीएंगे।"

"अच्छा तो उतनी ही तैयार कराऊंगी कि एक गली के लोगों के लिए पर्याप्त होगी।"

"जातना हूं, तू बड़ी धनवान है।"

"अच्छा तो उतनी ही बनवाऊंगी जो इस घरवालों के लिए पर्याप्त होगी।"

"जानता हूं, तू बड़ी उदार है।"

"अच्छा तो उतनी ही तैयार कराऊंगी जो तुम्हारे स्त्री-बच्चों के लिए पर्याप्त हो।"

"तुझे इनसे क्या?"

"अच्छा तो उतनी ही तैयार कराऊंगी जो तुम्हारे और मेरे लिए पर्याप्त हो।"

"क्यों, क्या अपने घर से बहुत धन लेकर आई है?"

"अच्छा तो उतनी ही बनवाऊंगी जो तुम्हारे लिए पर्याप्त हो।"

सेठ ने सोचा, "घर में शराब बनवाने पर बहुत लोग आशा लगाएंगे। दुकान से मंगाकर भी यहां बैठकर नहीं पी सकता।" उसने एक मासक (कार्षापण का बीसवां हिस्सा) देकर दुकान से शराब की सुराही मंगवाई। नौकर से उठवाकर नगर से बाहर नदी के किनारे गया। एक घनी जगह में घुसकर सुराही को रखवाया। नौकर से कहा, "तू जा।" नौकर को दूर बिठाकर कसोरे भर-भरकर पीने लगा।

दानादि करने से उसका पिता देवलोक में 'शक्र' होकर उत्पन्न हुआ था। उसने ध्यान लगाकार देखा कि उसका चलाया हुआ दान अभी भी दिया जा रहा है या नहीं? उसने उसका चालू न रहना, पुत्र का कुल-मर्यादा का नाश कर दान-शाला को जला देना, याचकों को पीटकर निकाल देना तथा कंजूस बनकर औरों को देने के भय से एकान्त में छिपकर शराब पीना देखा। उसने सोचा, "मैं जाकर उसको क्षुब्ध करके उसका दभन करूंगा। उसे कर्म-फल का ज्ञान कराकर, उसके हाथ से दान दिलवाकर उसे देव-लोक में उत्पन्न होने योग्य बनाऊंगा।"

शक्र मनुष्य-रूप धारण कर ठीक इल्लीस जैसी लूली-लंगड़ी शक्ल बनाकर राजगृह नगर में प्रविष्ट हुआ। राजा के पास जाकर राजा को प्रणाम कर एक ओर खड़ा हुआ। राजा ने पूछा, "सेठजी! कहो, असमय कैसे आए?"

"देव! मेरे घर में अस्सी करोड़ धन है। मैं चाहता हूं कि आप उसे मंगवाकर अपने खजाने में भरवा लें।"

"सेठजी! हमारे घर में तुम्हारे धन से कहीं अधिक धन है।"

"देव! यदि आपको आवश्यकता नहीं है तो मैं उसे लेकर यथेच्छ दान देता हूं।"

"सेठजी! दें।"

"अच्छा देव!"—कहकर राजा को प्रणाम कर शक्र इल्लीस सेठ के घर गया। सब नौकर-चाकर घेरकर खड़े हो गए। कोई भी यह न जान सका कि यह इल्लीस नहीं है। उसने घर में प्रवेश कर देहली पर खड़े हो द्वारपाल को आज्ञा दी, "यदि कोई ठीक मेरे जैसी शक्ल वाला आए और 'यह मेरा घर है' कहकर प्रवेश करे तो उसकी पीठ पर प्रहार करके उसे बाहर निकाल देना।" प्रासाद के ऊपर चढ़कर अत्यन्त मूल्यवान आसन पर बैठकर श्रेष्ठी-भार्या से मुस्कराकर कहा, "भद्रे! दान दें।" यह सुनकर सेठानी, लड़के-लड़कियों तथा नौकर-चाकर कहने लगे, "इतने समय तक कभी दान देने का विचार तक नहीं आया। आज शराब पीने के कारण मृदु-चित्त हो दान देने की इच्छा उत्पन्न हो गई होगी!"

सो सेठानी ने कहा, "स्वामी! यथारुचि दें।" सारे नगर में मुनादी करवा

दी गई कि जिसको चांदी, सोना, मणि–मोती की आवश्यकता हो वह इल्लीस सेठ के घर जावे। लोग झोली, थैला लेकर द्वार पर इकट्ठे हो गए। शक्र ने सात रत्नों से भरे कमरों को खोलकर कहा, "यह सब तुम्हें देता हूं। जितनी–जितनी जरूरत हो, ले जाओ।" लोग धन को भर–भरकर ले जाने लगे।

एक देहाती इल्लीस सेठ के ही रथ में, इल्लीस सेठ के बैल जोत कर सात रत्नों से भरकर नगर से बाहर जा रहा था। उसे घने स्थान से कुछ दूर पर रथ को हांकता हुआ वह सेठ की प्रशंसा करता जाता था, "स्वामी इल्लीस! तेरी सौ वर्ष की आयु हो। तेरे कारण अब मैं जन्मभर बिना काम किए भी जी सकता हूं। तेरा ही रथ, तेरे ही बैल, तेरे ही घर के सात प्रकार के रत्न! न मां ने दिए, न बाप ने दिए, स्वामी! तेरे ही कारण मिले।"

इल्लीस ने यह शब्द सुनकर भयभीत हो सोचा, "यह मेरा नाम लेकर क्या कहता है! क्या राजा ने मेरा धन लोगों को बांट दिया है?" वह तुरन्त उठा और जाकर बैलों की नकेल पकड़ ली, "अरे चेटक! यह मेरा ही रथ और बैल कहां लिए जा रहा है?" गृहपति ने रथ से उतरकर कहा, "अरे दुष्ट चेटक! इल्लीस सेठ सारे महानगर को दान दे रहा है, तेरा क्या लगता है?" उसने सेठ को झटककर बिजली की तरह गिरा दिया। कन्धे पर प्रहार करके रथ ले चला गया।

सेठ ने कांपते हुए उठकर धूल झाड़ी। तेजी से दौड़कर दुबारा फिर रथ को घेरा। गृहपति ने उतरकर उसके बाल पकड़कर बांस की चपटी से मारा। गला पकड़कर जिधर से आया था, उधर मुंह करके धक्का दिया और रथ लेकर चला गया।

इतने में उसका शराब का नशा उतर गया।

उसने कांपते–कांपते घर जाकर मनुष्यों को धन ले जाते देखा। "भो! यह क्या? क्या राजा मेरा धन लुटवा रहा है?"–कहकर जिस किसी को भी पकड़ना शुरू किया। जिसे पकड़ता, वही उसे पीटकर पैरों में गिरा देता। वेदना से पीड़ित हो उसने घर में घुसना चाहा। द्वारपालों ने पीटकर गर्दन पकड़कर निकाल दिया।

उसने सोचा, "अब राजा के सिवा मुझे किसी की शरण नहीं।"

इसलिए राजा के पास जाकर कहा, "देव! आप मेरा धन लुटवा रहे हैं?"

"सेठजी! क्या तुमने ही अभी आकर नहीं कहा था कि देव! यदि आप नहीं लेते तो मैं अपने धन को दान दूंगा?"

"देव! मैं आपके पास नहीं आया। क्या आप मेरे कंजूस होने की बात नहीं जानते? मैं किसी को तिनके के कोने से तेल की एक बूंद तक नहीं देता। देव! जो यह दान दे रहा है, उसे बुलाकर परीक्षा करें।"

राजा ने शक्र को बुलावा भेजा। न तो राजा को ही उन दोनों जनों में कुछ भेद दिखाई दिया, न मन्त्रियों को ही। कंजूस सेठ ने पूछा, "देव! सेठ यह है कि मैं हूं?"

"हम नहीं पहचानते। तुझे कोई पहचानने वाला है?"

"देव मेरी भार्या!"

भार्या को बुलाकर पूछा गया, "तेरा स्वामी कौन है?" वह शक्र ही के पास जाकर खड़ी हो गई। लड़के-लड़कियों, नौकर-चाकरों को बुलाकर पूछा। सब शक्र के ही पास जाकर खड़े हो गए।

तब सेठ ने सोचा, "मेरे सिर में बालों से छिपी एक फुन्सी है। उसे केवल नाई ही जानता है, सो उसे बुलवाऊं।" उसने कहा, "देव! मुझे नाई पहचानता है। उसे बुलवावें।" राजा ने बुलवाकर पूछा, "इल्लीस सेठ को पहचानते हो?"

"देव! सिर को देखकर पहचान सकूंगा।"

शक्र ने उसी क्षण सिर में फुन्सी पैदा कर ली। नाई ने दोनों के सिर में फुन्सी देखकर कहा, "महाराज दोनों के सिर में फुन्सी है। मैं इन दोनों में से किसी को नहीं कह सकता कि यह इल्लीस सेठ है।"

नाई की बात सुनकर सेठ कांपने लगा। उस समय शक्र से अपने को सम्भाल न सकने के कारण वहीं गिर पड़ा। उस समय शक्र शक्र-लीला से आकाश में जाकर खड़ा हुआ। उसने कहा, "महाराज! मैं इल्लीस नहीं, शक्र हूं।"

इल्लीस का मुंह पोंछकर पानी छिड़का गया। वह उठकर देवेन्द्र शक्र को प्रणाम कर खड़ा हुआ। तब शक्र ने कहा, "इल्लीस! यह धन मेरा है, न कि तेरा। मैं तेरा पिता हूं, ते मेरा पुत्र। मैंने दानादि पुण्य-कर्म करके शक्र

की पदवीं ग्रहण की। लेकिन तूने मेरे वंश की मर्यादा को तोड़ दिया। कंजूस होकर दानशाला को जला दिया, याचकों को बाहर निकाल दिया। खाली धन–संग्रह करता है। न तू आप खाता है, न दूसरे को देता है। धन ऐसे पड़ा है, जैसे राक्षस के अधिकार में हो। यदि जैसे पहले था, वैसे ही दानशाला बनवाकर दान देगा तो तेरी कुशल है, नहीं तो तेरे सब धन को अन्तर्धान कर इन्द्र–व्रज से तेरा सिर फोड़कर जान निकाल दूंगा।"

इल्लीस सेठ ने मरने के भय से संत्रिसित होकर प्रतिज्ञा की कि वह दान देगा। उसकी प्रतिज्ञा ग्रहण कर शक्र अपने स्थान को चला गया।

संगत का फल

प्राचीन काल में वाराणसी में ब्रह्मदत्त नामक राजा राज्य करता था। उस समय काशी में चार ब्राह्मण भाई ऋषियों की प्रवज्या के अनुसार प्रव्रजित हुए। वे हिमवन्त प्रदेश में पर्णशालाएं बनवा कर रहने लगे।

कुछ दिनों बाद ज्येष्ठ भाई मरकर शक्र देवता हुआ। वह बीच-बीच में सातवें-आठवें दिन भाइयों की सेवा में आता था। एक दिन उसने ज्येष्ठ तपस्वी को प्रणाम कर एक ओर बैठ पूछा, "भन्ते! आपको किस बात की जरूरत है?"

वात रोग से पीड़ित तपस्वी ने कहा, "मुझे आग की जरूरत है।" उसने उसे छुरी-कुल्हाड़ी दी। यह छुरी-कुल्हाड़ी ऐसी थी कि जैसा दस्ता डाला जाता, उसके अनुसार छुरी भी बन जाती; कुल्हाड़ी भी बन जाती। तपस्वी ने पूछा, "मेरे लिए लकड़ियां कौन लाएगा?"

शक्र ने कहा, "भन्ते! जब आपको लकड़ी की जरूरत हो तो इस कुल्हाड़ी को हाथ से रगड़कर कहें; जाओ मेरे लिए लकड़ियां लाकर आग बना दो। यह लकड़ियां लाकर आग बना देंगी।"

उसे छुरी-कुल्हाड़ी देकर दूसरे भाई से जाकर पूछा, "भन्ते! आपको क्या चाहिए?"

"मुझे हाथियों के कारण दुःख होता है। उन्हें भगा दें।"

शक्र ने उसे एक ढोल लाकर दिया और कहा कि इस ओर बजाने से तुम्हारे शत्रु भाग जाएंगे और इस ओर बजाने से वे मैत्री-भाव-युक्त होकर चारों प्रकार की सेना-सहित तुम्हारे पास आ जाएंगे।

छोटे भाई से जाकर पूछा, "भन्ते! आपको क्या चाहिए?" उसकी पाण्डुरोग की प्रकृति थी। इसलिए उसने दही मांगा। शक्र ने उसे एक दही

का घड़ा दिया और कहा, "यदि आपको कभी राज्य की इच्छा हो तो इसे उलटिए। यह महानदी बहाकर, बाढ़ लाकर आपको राज्य भी लेकर दे सकेगा।"

उस समय से छुरी-कुल्हाड़ी बड़े भाई के लिए आग बना देती। दूसरा जब ढोल बजाता तो हाथी भाग जाते। छोटा दही खाता।

उसी समय किसी उजड़े हुए गांव की जगह पर एक सूअर घूम रहा था। उसने वहां एक दिव्य मणिखण्ड देखा। उसे मुंह से उठा लिया।

उसके प्रताप से वह आकाश में ऊंचे उड़ा। वहा से उड़कर वह समुद्र के बीच में एक द्वीप पर पहुंचा। उसकी इच्छा हुई वहां रहने की। इसलिए उतरकर एक गूलर के वृक्ष के नीचे सुख-पूर्वक रहने लगा। एक दिन उस मणिखण्ड को अपने सामने रखकर वृक्ष के नीचे सो गया।

काशी राष्ट्र में एक आदमी को उसके माता-पिता ने निकम्मा समझकर घर से निकाल दिया था। वह एक पत्तन गांव पर पहुंचा। वहां उसने नाविकों के पास नौकरी की। नौका पर चढ़कर जा रहा था कि समुद्र के बीच नौका टूट गई। वह एक लकड़ी के तख्ते पर बैठा उस द्वीप में पहुंचा। वहां फल-मूल खोजते हुए उस सूअर को सोते देखा। आहिस्ता से समीप जाकर मणिखण्ड उठा लिया। उसके प्रताप से आकाश में उड़कर गूलर के वृक्ष पर जा बैठा। सोचने लगा, "यह सूअर इसी के प्रताप से आकाश में घूमता हुआ यहां रहता है। पहले इसे ही मारकर मांस खा लेना चाहिए, तब जाना चाहिए।"

उसने एक डण्डा तोड़कर उसके सिर पर गिराया। सूअर जागा। कांपते शरीर से मणि खोजता हुआ इधर-उधर दौड़ने लगा। वृक्ष पर बैठा हुआ आदमी हंसा। सूअर ने उसे देखा तो वृक्ष से सिर दे मारा और वहीं मर गया।

उस आदमी ने उतरकर आग सुलगाई और उसका मांस पकाकर खाया। फिर आकाश में उड़कर हिमालय की ओर चला। हिमालय में स्थित उस ज्येष्ठ तपस्वी के आश्रम को देखकर उतरा। दो-तीन दिन रहकर तपस्वी की सेवा की। वहां उसने छुरी-कुल्हाड़ी की महिमा देखी। उसने उसे लेना चाहा। तपस्वी को मणिखण्ड की महिमा बताकर कहा, "भन्ते! यह मणिखण्ड लेकर मुझे यह छुरी-कुल्हाड़ी दे दें।" आकाश में घूमने की इच्छा से उस

तपस्वी ने मणिखण्ड लेकर छुरी–कुल्हाड़ी दे दी।

उस आदमी ने थोड़ी दूर जाकर छुरी–कुल्हाड़ी को हाथ से रगड़कर कहा, "छुरी–कुल्हाड़ी! तपस्वी के सिर को काटकर मेरा मणिखण्ड ले आ।" छुरी–कुल्हाड़ी! ने तपस्वी का सिर काटकर मणिखण्ड ला दिया।

छुरी–कुल्हाड़ी को एक जगह छिपाकर वह मझले तपस्वी के पास पहुंचा। कुछ दिन रहकर ढोल की महिमा देखी। मणिखण्ड देकर उससे भेरी ली। पूर्वोक्त प्रकार से उसका भी सिर कटवाकर छोटे तपस्वी के पास पहुंचा। दही की महिमा देखकर पूर्वोक्त प्रकार से उसका भी सिर कटवाकर दही ले लिया। मणिखण्ड, छुरी–कुल्हाड़ी, ढोल तथा दही का घड़ा लेकर आकाश–मार्ग से वाराणसी पहुंचा। वाराणसी राजा के पास एक पत्र भेजा–युद्ध करें अथवा राज्य दें।

सन्देश सुनते ही विद्रोही को पकड़ने के लिए राजा निकल पड़ा। आदमी ने ढोल के एक तल को बजाया। चारों प्रकार की सेना पहुंच गई। इधर उसने देखा कि राजा ने अपनी सेना पंक्तिबद्ध कर ली है। दही के घड़े को छोड़ा। बड़ी भारी नदी बह निकली। जन–समूह दही में डूब गया और निकल न सका।

छुरी–कुल्हाड़ी पर हाथ फेरकर आज्ञा दी, "जा, राजा का सिर ले आ।" छुरी–कुल्हाड़ी ने राजा का सिर लाकर उसके पैरों पर रख दिया । एक भी आदमी हथियार न उठा सका।

उसने बड़ी सेना के साथ नगर में प्रवेश किया। अभिषेक करवाकर दधिवाहन नाम से धर्म–पूर्वक राज्य करने लगा।

एक दिन वह महानदी में जाल की टोकरी फेंककर खेल रहा था। कण्णमुण्ड सरोवर से देवताओं के उपयोग में आने वाला एक पका आम आकर जाल में लगा। जाल उठाने वालों ने लाकर राजा को दिया। वह घड़े के समान बड़ा गोलाकार सुनहरे रंग का था। राजा ने वनचरों से पूछा, "यह किसका फल है?"

"आम्र फल।"

राजा ने उसे खाकर गुठली उद्यान में लगवाई। उसे दूध–पानी से सिंचवाया। उसने बढ़कर तीसरे वर्ष फल दिया। आम के पेड़ का बहुत

सत्कार होने लगा। दूध-पानी से सींचते। सुगन्धित द्रव्यों से पंचांगुली-चिह्न लगाते। मालाओं के जाल फेंकते। सुगन्धित तेल के दीपक जलाते। यह कीमती कपड़े की कनातों से घिरा रहता। इसके फल मधुर तथा सुनहरी रंग के होते।

जब दधिवाहन राजा दूसरे राजाओं के पास आम के फल भेजता तो अंकुर निकलने की जगह को कांटे से बींध देता। वे आम खाकर गुठली रोपते। पेड़ न लगता। जब उनको इसका कारण मालूम न हुआ तो वे बड़े क्रुद्ध हुए।

एक राजा ने अपने माली को बुलाकर पूछा कि क्या वह दधिवाहन राजा के आमों के रस को नष्ट कर उन्हें कड़ुवा बना सकेगा? उसने कहा, "देव! हां।" "तो जा" कहकर एक हजार मुद्रा देकर उसे विदा किया।

उसने वाराणसी पहुंचकर राजा के पास खबर भिजवाई कि एक माली आया है। राजा ने उसे बुलाकर कहा, "तू माली है?" उसने प्रणाम कर कहा, "देव! हां।" और अपनी योग्यता का बखान किया। राजा ने आज्ञा दी, "जा, हमारे माली के साथ रह।"

उस दिन से वह दो जने बाग को संभालने लगे। नए माली ने अकाल फूल फुलाकर, अकाल फल लगाकर उद्यान को रमणीय बना दिया।

राजा ने उस पर प्रसन्न होकर पुराने माली को निकाल दिया। उसने उद्यान को अपने हाथ में जानकर आम के वृक्षों के चारों ओर नीम और कड़वी लताएं लगा दीं। क्रम से नीम के वृक्ष बढ़े। जड़ों से जड़ें तथा शाखाओं से शाखाएं इकट्ठी हो एक दूसरे में मिल गईं। उनके अमधुर रस के संसर्ग से वैसा मधुर फल वाला आम कड़ुवा हो गया। यह देखकर कि आम के फल कड़ुवे हो गए, माली भाग गया। दधिवाहन ने उद्यान में जाकर आम खाया। मुंह में डाला हुआ आम उसे नीम की तरह कसैला लगा। उसे न सह सकने के कारण खंखारकर थूक दिया।

उस समय बोधिसत्व उसके अर्थधर्मानुशासक थे। राजा ने बोधिसत्व को बुलाकर पूछा-

"पण्डित! इस वृक्ष की जो सेवा पहले होती थी, वह अब भी होती है। ऐसा होने पर भी इसका फल कड़ुवा हो गया। क्या कारण है?"

बोधिसत्व ने कहा–

"हे दधिवाहन! तेरा आम्र-वृक्ष नीम से घिरा है। उसकी जड़ जड़ से तथा शाखाएं शाखाओं से सटी हैं। कड़ुवे के साथ होने से आम का फल कड़ुवा हो गया।"

राजा ने उसकी बात सुनकर सभी नीम तथा कड़ुवी लताओं की जड़ें उखड़वा दीं। चारों ओर से अमधुर बालू हटवाकर मधुर बालू डलवाया, दुग्ध-जल, शक्कर-जल तथा सुगन्धि-जल से आम की सेवा कराई। मधुर रस के संसर्ग से वह फिर मधुर हो गया।

राजा ने पहले माली को उद्यान सौंप दिया।

स्वर्ण हंस

पूर्व समय में वाराणसी में राजा ब्रह्मदत्त नामक राजा राज्य करता था। उस समय बोधिसत्व एक ब्राह्मण-कुल में पैदा हुए। जब वे बड़े हुए तो उनके समान जाति-कुल से एक भार्या ला दी गई। उससे उन्हें नन्दा, नन्दवती और नन्द-सुन्दरी तीन लड़कियां पैदा हुईं। उनका विवाह होने से पूर्व ही बोधिसत्व का देहांत हो गया और वह स्वर्ण-हंस बनकर पैदा हुए।

'हंस' ने बड़े होने पर सोने के परों से ढके हुए परम सौभाग्यवान अपने शरीर को देखकर विचार किया कि मैं कहां से मरकर यहां पैदा हुआ हूं? उसे मालूम हुआ कि मनुष्य-लोक से। फिर विचार किया कि ब्राह्मणी और लड़कियों का जीवन-पालन कैसे होता है? उसे पता लगा कि दूसरों की मजदूरी करके बड़े कष्ट से जीवन-यापन करती हैं। तब उसने सोचा कि मेरे सोने के पर ठोस (कूटे और रगड़े जा सकते हैं) हैं। इनमें से एक-एक पर उन्हें दूं। इससे मेरी भार्या और लड़कियां सुखपूर्वक जीएंगी।

हंस ब्राह्मणी के घर पहुंचकर घर के शहतीर के एक सिरे पर जा बैठा। ब्राह्मण और लड़कियों ने बोधिसत्व को देखकर पूछा, "स्वामी! कहां से आए?"

"मैं तुम्हारा पिता हूं। तुम्हें देखने के लिए आया हूं। अब तुम्हें दूसरों की मजदूरी करते हुए कष्ट-पूर्वक जीवन-यापन करने की जरूरत नहीं है। मैं तुम्हें अपना एक-एक पर दिया करूंगा। उसे बेच-बेचकर सुख-पूर्वक जीवन व्यतीत करना।"

इतना कह वह एक पर देकर उड़ गया। इसी प्रकार बीच-बीच में आकर एक-एक पर देता। ब्राह्मणियां धनी और सुखी हो गईं।

एक दिन उस ब्राह्मणी ने लड़कियों को बुलाकर सलाह की, "अम्मा!

जानवरों के दिल का पता नहीं। हो सकता है कि कभी तुम्हारा पिता न आए। इसलिए इस बार उसके आने पर हम उसके सभी पर उखाड़ लेंगे।"

उन्होंने अस्वीकार कर दिया। बोलीं, "ऐसा करने से हमारे पिता को कष्ट होगा।"

ब्राह्मणी ने लालची होने के कारण फिर एक दिन स्वर्ण-हंस के आने पर कहा, "स्वामी! आइए।"

जब उसने देखा कि वह उसके पास आ गया है तो दोनों हाथों से पकड़कर उसके सब पर नोच लिए। सभी पर बोधिसत्व की इच्छा के बिना जबर्दस्ती लिए जाने के कारण व बगुले के पंख के सदृश हो गए।

अब बोधिसत्व पंख पसारकर उड़ न सके। ब्राह्मणी ने उन्हें मटके में रखकर पाला। उनके जो नए पर निकले, श्वेत ही निकले। पंख निकलने पर वह उड़कर वापस अपने स्थान पर चले आए। फिर वहां नहीं गए।

मणिकण्ठ

पूर्व समय में वाराणसी में राजा ब्रह्मदत्त नामक राजा राज्य करता था। उस समय बोधिसत्व महाधनवान कुल में पैदा हुए। जब बालक इधर-उधर दौड़ने योग्य हो गया तब दूसरा भी पुण्यवान प्राणी उसकी माता की कोख में आया। बच्चों के बड़े होने पर माता-पिता का निधन हो गया। इससे उन्हें वैराग्य प्राप्त हुआ और वे ऋषि-प्रव्रज्या के अनुसार प्रव्रजित हुए। दोनों भाई गंगातट पर पर्णशाला बनाकर रहने लगे। ज्येष्ठ भाई की पर्णशाला गंगा के ऊपर की तरफ रहते थे जबकि छोटा भाई नीचे की तरफ।

एक दिन मणिकण्ठ नाम का नागराजा अपने भवन से निकलकर गंगा के किनारे ब्रह्मचारी के रूप में घूमता हुआ छोटे भाई के आश्रम पर पहुंचा। प्रणाम करके एक ओर बैठा। परस्पर कुशल-क्षेम पूछकर वे दोनों धीरे-धीरे एक-दूसरे के विश्वासी हो गए। अकेले न रह सकते थे। मणिकण्ठ नित्य तपस्वी के पास आता। बैठकर बातचीत करता। तपस्वी के प्रति स्नेह होने के कारण घर जाते समय अपना रूप छोड़कर फन से तपस्वी को घेरते हुए लिपट जाता। उसके सिर पर बड़ा-सा फन निकालकर थोड़ी देर विश्राम करता, फिर स्नेह त्याग, शरीर को लपेटकर तपस्वी को प्रणाम करता और अपने भवन को चला जाता। तपस्वी उसके भय से कृश हो गया। सूख गया। दुर्वर्ण हो गया। पाण्डुवर्ण हो गया। धमनियां गात्र से जा लगीं।

वह एक दिन भाई के पास गया। उसने इससे पूछा, "क्या कारण है, तू कृश हो गया है? सूख गया है। दुर्वर्ण हो गया है? पाण्डुवर्ण हो गया है? धमनियां गात्र से जा लगी हैं?" उसने भाई से वह हाल कहा। भाई ने पूछा, "तू उस नाग का आना पसन्द करता है या नहीं?"

"नहीं।"

"जब वह नागराजा तेरे पास आता है तो क्या गहने पहनकर आता है?"

"मणि-रत्न।"

"तो अगली बार जब नागराजा तेरे पास आए तो उसके बैठने से पहले ही मांगना, "मुझे मणि दे।" वह नाग तुझे बिना फन से लपेटे ही चला जायगा। दूसरे दिन आश्रम के द्वार पर आते ही मांगना। तीसरे दिन गंगा के किनारे खड़े होकर उसके पानी से निकलते ही मांगना। इस प्रकार वह फिर तेरे पास नहीं आएगा।"

तपस्वी ने 'अच्छा' कहा और अपनी पर्णकुटी में चला गया। दूसरे दिन नागराजा के आकर खड़े होते ही याचना की, "यह अपने पहनने की मणि मुझे दे।" वह बिना बैठे ही चला गया। दूसरे दिन उसने आश्रम-द्वार पर खड़े होकर उसके आते ही मांगा, "कल मुझे मणिरत्न नहीं दिया, आज तो मिलना ही चाहिए।" नाग बिना आश्रम में घुसे ही चला गया। तीसरे दिन उसके पानी से निकलते ही कहा, "आज मुझे मांगते-मांगते तीसरा दिन हो गया। आज मुझे यह मणिरत्न दे।" नागराजा ने पानी में खड़े-ही-खड़े कहा-

"इस मणि के कारण मुझे बहुत अन्न-पान की प्राप्ति होती है। तू अति याचक है। जैसे कोई तरुण पत्थर पर तेज की हुई तलवार लेकर किसी को डराए, उसी तरह तू मुझे यह मणि मांगकर त्रास देता है। मैं यह तुझे न दूंगा और मैं तेरे आश्रम में भी नहीं आऊंगा।"

इतना कहकर वह नागराजा पानी में डुबकी मार अपने नाग-भवन चला गया। फिर वापस नहीं आया।

ज्येष्ठ तपस्वी छोटे भाई का हाल-चाल जानने के लिए उसके पास आया। उसने यह सारा वृत्तान्त सुन और छोटे तपस्वी को स्वस्थ, प्रसन्न देखकर कहा-

"जो चीज मालूम हो कि किसी की प्रिय है, वह उससे न मांगे। अति याचना करने वाले के प्रति द्वेष उत्पन्न होता है। सात रत्नों से परिपूर्ण नाग-भवन में रहने वाले नागों को भी याचना अप्रिय होती है।"

मूर्ख ब्राह्मण

प्राचीन काल में वाराणसी में राजा ब्रह्मदत्त राज्य करता था। उस समय एक गांव में एक ब्राह्मण वैदर्भ-मन्त्र जानता था। वह मन्त्र बहुमूल्य था। नक्षत्रों के ठीक होने पर उस मन्त्र का जाप कर आकाश की ओर देखने से सात रत्नों की वर्षा होती थी। बोधिसत्व उस ब्राह्मण के पास विद्या सीखते थे।

एक दिन ब्राह्मण बोधिसत्व को साथ लेकर गांव से निकलकर चेतिय-राष्ट्र की ओर गया। रास्ते में एक जंगल पड़ा। उस समय पांच सौ चोर जंगल में मुसाफिरों पर डाका डालते थे। उन्होंने बोधिसत्व और वैदर्भ ब्राह्मण को पकड़ लिया। ये चोर 'पेसनक चोर' कहलाते थे, क्योंकि जब ये, दो जनों को पकड़ते तो एक को घर भेजकर उसके घर से धन मंगवाते थे। 'प्रेषण' शब्द से ही वे प्रेषणक हुए। पिता-पुत्र को पकड़ते तो पिता को भेजते, मां-बेटी को पकड़ते तो मां को भेजते, गुरु-शिष्य को पकड़ते तो शिष्य को भेजते। सो उन्होंने बोधिसत्व को भेजा।

बोधिसत्व ने आचार्य को प्रणाम करके कहा, "मैं एक-दो दिन में आ जाऊंगा। आप डरिएगा नहीं। आज धन-वर्षा का नक्षत्र-योग है। आप दुःख न सह सकने के कारण मन्त्र-जाप हरगिज न करें। यदि मन्त्र का जाप करके धन बरसाएंगे तो आप और पांच सौ चोर-सभी विनाश को प्राप्त होंगे। मेरा कहना मानकर पड़े रहिए।"

इस प्रकार आचार्य को समझाकर वे धन लाने चले गए। सूर्यास्त होने पर चोरों ने ब्राह्मण को रस्सी से कसकर जमीन पर डाल दिया। उसको असह्य वेदना होने लगी।

उसी समय पूर्व दिशा की ओर परिपूर्ण चन्द्र-मण्डल उगा। ब्राह्मण ने तारों की ओर देखकर धन बरसाने के नक्षत्र-योग को जान लिया। मन में

विचार करने लगा, "मैं क्यों दुःख सहूं? क्योंकि न मन्त्र–जाप करूं और रत्नों की वर्षा कर चोरों को धन देकर सुख–पूर्वक चला जाऊं।

उसने चोरों से बातचीत की, "चोरो! तुमने मुझे किसलिए पकड़ रखा है?

"धन के लिए।"

"यदि धन की आवश्यकता है तो शीघ्र ही मुझे बन्धन से मुक्त करो। नहलाकर, नवीन वस्त्र पहनाकर, सुगिन्धयों का लेपकर, फूल–मालाएं पहनाकर बैठाओ। मैं आकाश से रत्नों की वर्षा कराऊंगा।"

चोरों ने उसकी बात सुनकर वैसा ही किया। ब्राह्मण ने नक्षत्र–योग जानकर आकाश की ओर देखा। उसी समय आकाश से रत्न गिरे। धन इकट्‌ठा करके अपने उत्तरीय में गठरी बांधकर चोर जाने लगे। ब्राह्मण भी उसी रास्ते उनके पीछे–पीछे चला। कुछ दूर जाने पर उन चोरों को दूसरे पांच सौ चोरों ने पकड़ा। चोरों ने पूछा, "हमें किसलिए पकड़ते हो?"

"धन के लिए।"

"यदि धन की आवश्यकता है तो इस ब्राह्मण को पकड़ो। यह आकाश की ओर देखकर धन बरसावेगा। हमें भी धन इसी ने दिया है।"

चोरों ने उन चोरों को छोड़कर ब्राह्मण को पकड़ा, "हमें भी धन दो।" ब्राह्मण ने कहा, "धन तो मैं तुम्हें दूं, लेकिन धन बरसाने का नक्षत्र–योग अब एक वर्ष बाद होगा। यदि तुम्हें धन से मतलब है तो सालभर सबर करो।" चोरों ने सोचा, "यह दुष्ट औरों के लिए अभी धन बरसाकर हमें सालभर प्रतीक्षा कराता है।" उन्होंने क्रुद्ध होकर तलवार से ब्राह्मण के दो टुकड़े कर उसे वहीं रास्ते पर डाल दिया।

फिर जल्दी से उन चोरों का पीछा करके उनके साथ युद्ध किया। उन सबको मारकर उनका धन छीन लिया। आपस में बटवारा करने के लिए फिर परस्पर युद्ध किया। जब तक केवल दो जने रह गए तब तक एक–दूसरे को मारते रहे। उन एक सहस्त्र आदमियों के विनष्ट होने पर दो आदमियों ने धन को लाकर एक गांव के पास गाड़ा। उनमें से एक आदमी खड्ग लेकर धन की रक्षा करने लगा। दूसरा गांव में भात पकवाने गया। खड्ग वाले आदमी ने सोचा, "क्यों न उसे मारकर सारा धन आप ही ले लूं?" वह हाथ

में खड्ग लेकर तैयार बैठ गया।

दूसरे ने सोचा, "इस धन के दो हिस्से करने होंगे। क्यों न भात में विष मिलाकर उसे मार डालूं? इस प्रकार सारा धन मेरा ही हो जाएगा।" ऐसा सोचकर, उसने पहले स्वयं खा लिया और खड्ग वाले के हाथ में विष मिलाकर ले चला।

दोनों एक–दूसरे के मन के विकार को नहीं जानते थे। इसलिए दूसरा आदमी पहले के पास भात लेकर निधड़क पहुंचा। भात रखते ही पहले ने दूसरे के खड्ग से दो टुकड़े कर दिए और स्वयं भात खाकर मर गया।

दुश्चरित्र ब्राह्मणी

प्राचीन समय में वाराणसी में राजा ब्रह्मदत्त राज्य करता था। उस समय बोधिसत्व ब्राह्मणों के एक कुल में पैदा हुए। सयाने होने पर बनारस में प्रसिद्ध आचार्य हुए। प्राय: एक सौ राजधानियों के क्षत्रिय-ब्राह्मण उनके पास विद्या सीखते थे।

एक जनपदवासी ने बोधिसत्व के पास तीनों वेद अठारह विद्याएं सीखीं। वह वाराणसी में ही रहता था। दिन में दो-तीन बार बोधिसत्व के पास आता-जाता।

एक बार वह एक सप्ताह के बाद बोधिसत्व के पास पहुंचा। उन्होंने पूछा, "ब्राह्मण! दिखाई नहीं दिया?"

"आचार्य! मेरी ब्राह्मणी के शरीर को वायु बींधती है। सो मैं उसके लिए घी, तेल तथा अच्छे-अच्छे भोजन खोजता हूं। उसका शरीर मोटा हो गया है। चमड़ी निखर आई है। लेकिन वात-रोग का अन्त होता नहीं दिखाई देता। उसकी सेवा में ही लगा रहता हूं। इसीलिए यहां आने का अवकाश नहीं मिलता।"

असल में वह ब्राह्मणी दुश्चरित्रा थी। कुछ काम न करके रोग का बहाना बनाकर बड़बड़ाती हुई लेट रहती।

वह ब्राह्मण उससे पूछता, "भद्रे! तुझे क्या कष्ट है?"

"मुझे वायु बींधती है।"

"तो तुझे क्या-क्या चाहिए?"

"चिकने, मीठे, अच्छे, स्वादिष्ट यवागु-भात तैल आदि।"

जो-जो वह इच्छा करती, ब्राह्मण लाकर देता। दास की तरह सब काम करता। लेकिन वह ब्राह्मण के घर आने के समय लेट रहती, बाहर चले जाने

पर यारों के साथ गुजारा करती।

बोधिसत्व ने समझ लिया कि वह इसे धोखा देकर लेटी रहती है। इसलिए उन्होंने कहा, "तात! अब से तुम उसे दूध, घी, रस आदि मत दो। गोमूत्र में त्रिफला आदि और पांच प्रकार के पत्ते रखकर उनका काढ़ा बनाओ। जब औषधि तांबे के रंग की हो जाए तो उसे नए बर्तन में रखकर रस्सी, जोत या कोई छड़ी ले जाकर कहना, "यह तेरे रोग के लिए उचित दवाई है। या तो इसे पी, नहीं तो जो भोजन तू करती है, उसके मुताबिक काम कर।" और अगर न माने तो रस्सी, जोत या छड़ी से प्रहार करके केशों को पकड़कर खींचना। खींचकर कोहनी से पीटना। उसी समय उठकर वह काम करने लगेगी।"

वह बोधिसत्व के कथनानुसार दवाई बनाकर ले गया। बोला, "भद्रे! यह औषधि पी।"

"यह औषधि तुम्हें किसने बताई?"

"भद्रे! आचार्य ने!"

"इसे ले जाओ। नहीं पीऊंगी।"

ब्राह्मण ने कहा, "तू स्वेच्छा से नहीं पीएगी।" छड़ी लेकर बोला, "या तो रोग के अनुसार दवाई पी अथवा यवागु-भात के अनुसार काम कर। क्योंकि तेरी वाणी और तेरे भोजन का मेल नहीं बैठता।"

ऐसा कहने पर कोसिय ब्राह्मणी ने सोचा—अब आचार्य का ध्यान आकृष्ट हो गया है। आचार्य ने मेरी दुश्चरित्रता जान ली। अब मैं इसे धोखा नहीं दे सकती। अब मैं उठकर काम करूं।

वह उठकर काम करने लगी।

स्वर्ण-मृग

पूर्व समय में वाराणसी में ब्रह्मदत्त नाम का राजा राज्य करता था। उस समय बोधिसत्व मृग की योनि में पैदा हुए। वह माता की कोख से ही स्वर्ण-मृग निकला। उसकी आंखें मणि की गोलियों के सदृश थीं, सींग रजत-वर्ण के, मुंह लाल रंग के दुशाले की राशि के सदृश, हाथ-पैर के सिरों पर जैसे लाख लगी हो और पूंछ चामरी गाय की-सी। उसका शरीर घोड़े के बच्चे जितना बड़ा था। कुछ बड़े होने पर वह पांच सौ मृगों के साथ जंगल में रहने लगा। उसका नाम था—निग्रोध-मृगराज। वहां से थोड़ी दूर पर एक दूसरा शाखा-मृग भी पांच सौ मृगों के झुण्ड के साथ रहता था। वह भी सुनहरे ही रंग का था।

उस समय बनारस का राजा मृगों का वध करने पर तुला था। बिना मांस के वह खाता ही न था। सारे निगम और जनपद के लोगों को इकट्ठा करवा, उनके अपने कामों को छुड़वा, उन्हें साथ ले वह प्रतिदिन शिकार खेलने जाता था। मनुष्यों ने काम का हर्जा होता देख सोचा, "कुछ ऐसा उपाय करना चाहिए जिससे कि किसी बड़े उद्यान में बहुत से मृग इकट्ठे हो जाएं। तब हम उन्हें राजा को सौंपकर अपना काम आराम से कर सकेंगे।" ऐसा निश्चय कर मनुष्य उद्यान में घास छींटकर, पानी रखकर, हरिणों के झुण्ड को ढूंढ़ते हुए जंगल में दाखिल हुए। मुद्गर, तलवार, धनुष आदि नाना आयुध लेकर योजनभर स्थान का घेरा बनाया। क्रमशः उस घेरे को कम करते हुए निग्रोध-मृग तथा शाखा-मृग के निवासस्थान तक पहुंच गए। उस मृग-यूथ को देखकर वृक्ष, गुल्म आदि तथा भूमि को मुद्गरों से पीटते हुए मृगों के झुण्ड को छिपी-छिपी जगहों से निकाला। तलवार, धनुष आदि आयुधों को निकालकर, कोलाहल करते हुए, मृगों के झुण्ड को लाकर उद्यान में दाखिल किया। द्वार बन्द कर राजा के पास जाकर निवेदन किया, "देव! लगातार

शिकार के लिए जाने से हमारे काम की हानि होती है। हमने जंगल से मृगों को लाकर आपका उद्यान भर दिया है। अब से आप उनका मांस खायं।" फिर राजा से आज्ञा मांगकर चले गए।

उद्यान में जाकर राजा ने मृगों को देखा। उनमें दो सुनहरी मृगों को देखकर उनको अभय-दान दिया। उस दिन से लगाकर कभी वह स्वयं जाकर एक मृग को मार लाता, कभी उसका रसोइया ही जाकर मृग मार लाता। धनुष को देखते ही मारने के भय से मृग डरकर इधर-उधर भागते। दो-तीन चोटें खाकर जख्मी होते, रोगी होते, मर भी जाते। मृग-यूथ ने यह बात बोधिसत्व से कही। उसने शाखा-मृग को बुलवाकर कहा, "सौम्य! मृग बहुत नष्ट हो रहे हैं। यदि मरना अवश्य ही है तो अब से मृग तीर से न बींधे जाएं। गर्दन काटने की जगह, धर्म-गण्डिका स्थान पर जाने की मृगों की बारी बंध जावे। एक दिन मेरी मण्डली में से एक की बारी हो, एक दिन तेरी मण्डली में से एक की। जिसकी बारी आवे, वह मृग धर्म-गण्डिका स्थान पर जाकर, सिर रखकर पड़ रहे। इस प्रकार मृग जख्मी न होंगे।

उसने 'अच्छा' कह स्वीकार किया। उस समय से मृगों की बारी बंध गई। जिसकी बारी आती, वह जाकर धर्म-गण्डिका पर शीश रखकर पड़ा रहता। रसोइया उसे हलाल करके ले जाता। एक दिन शाखा-मृग की टोली में एक गार्भिणी हिरणी की बारी आई। उसने शाखा-मृग से जाकर कहा, "स्वामी! मैं गर्भिणी हूं। पुत्र पैदा होने पर, हम दो जीव बारी-बारी से जाएंगे। नहीं तो दो जीव एक साथ मरेंगे। आज मेरी जगह किसी और को भेज दो।"

"मैं तेरी जगह किसी और को नहीं भेज सकता। जो तुझ पर पड़ी है, उसे तू ही जान। जा।"

जब शाखा-मृग ने उस पर दया न दिखाई तो वह बोधिसत्व के पास गई। बोधिसत्व से उसने सारी बात कह सुनाई। उसने हिरणी की बात सुनकर उसे आश्वासन दिया कि वह उसकी जगह किसी और को तो नहीं कह सकता किन्तु स्वयं जा सकता है। हिरणी के चले जाने पर बोधिसत्व जाकर धर्म-गण्डिका-स्थान पर सिर रखकर लेट रहा। रसोइया 'अभय-प्राप्त मृगराज' को गण्डिका-स्थान पर पड़ा देखकर सोचने लगा, "क्या कारण है?" उसने यह बात राजा से निवेदन की। राजा उसी समय रथ पर चढ़कर

बहुत से जन-समूह के साथ वहां आया। उसने बोधिसत्व को पड़ा देखकर पूछा, "सौम्य मृगराज! क्या मैंने तुझे अभय-दान नहीं दिया है? यहां तू किसलिए पड़ा है?"

"महाराज! एक गर्भिणी हिरणी ने मुझसे आकर कहा कि मेरी बारी किसी दूसरे पर डाल दो, नहीं तो मेरे साथ एक बच्चे की भी हत्या हो जाएगी। मैं एक का मरण-दुःख किसी दूसरे पर न डाल सकता था। मैंने अपना जीवन उसे देकर उसका मरना अपने ऊपर ले लिया। इसलिए मैं यहां आकर पड़ा हूं। महाराज! इसमें और कोई दूसरी शंका न करें।"

"स्वामी! स्वर्ण-वर्ण-मृगराज! मैंने तेरे सदृश क्षमा, मैत्री और दया से युक्त मनुष्यों में किसी को इससे पहले नहीं देखा। मैं तुझ पर बहुत प्रसन्न हूं। उठ, तुझे और उस हिरणी को दोनों को अभयदान देता हूं।"

"महाराज! हम दोनों को अभय मिलने पर शेष मृग क्या करेंगे?"

"मृगराज! बाकियों को भी अभय देता हूं।"

"महाराज! इस प्रकार केवल उद्यान के ही मृगों को अभय मिलेगा। बाकी क्या करेंगे?"

"मृगराज! उनको भी अभय देता हूं।"

"महाराज! मृग तो अभय प्राप्त करें। बाकी चतुष्पाद क्या करेंगे?"

"मृगराज! उनको भी अभय देता हूं।"

"महाराज! चतुष्पाद तो अभय प्राप्त करें, बाकी पक्षी क्या करेंगे?"

"मृगराज! उनको भी अभय देता हूं।"

"महाराज! पक्षी तो अभय प्राप्त करेंगे, बाकी जल में रहने वाले जन्तु क्या करेंगे?"

"मृगराज! उनको भी अभय देता हूं।"

"महाराज! आपने बहुत पुण्य कमाया है, अपने ऊपर बहुत बड़ी विजय प्राप्त की है। महाराज! धर्माचरण कीजिए। माता-पिता, पुत्र-पुत्री, सेवक-मंत्री तथा जनपद के सभी लोगों के साथ धर्म का व्यवहार करने से आप मरने के बाद स्वर्गलोक को प्राप्त होंगे।"

इस प्रकार महासत्व बोधिसत्व ने राजा से सब सत्वों के लिए अभय की याचना की। वहां से उठकर, कई दिन उद्यान में रहकर वह मृगों के झुण्ड

के साथ अरण्य में चला गया। उस गर्भिणी हिरणी ने पुष्प सदृश पुत्र को जन्म दिया। वह खेलता-खेलता शाखा मृग के पास चला जाता। उसकी माता उसके पास जाता देखकर कहती, "पुत्र! अब से उसके पास न जाना। केवल निग्रोध-मृग के पास ही जाना। शाखा-मृग के आश्रय में जीने की अपेक्षा निग्रोध-मृग के आश्रय में मरना श्रेयस्कर है।"

बन्दर का कलेजा

पूर्व समय में वाराणसी में राजा ब्रह्मदत्त राज्य करता था। उस समय बोधिसत्व हिमालय प्रदेश में बन्दर की योनि में पैदा हुए। वह हाथी-सदृश बल वाले, शक्ति-सम्पन्न, महान् शरीरधारी, अति सुन्दर थे। गंगा के मोड़ पर जंगल में रहते थे।

उस समय गंगा में एक मगरमच्छ रहता था। उसकी भार्या ने बोधिसत्व को देखा। उसके मन में उसका मांस खाने का दोहद उत्पन्न हुआ। उसने मगरमच्छ से कहा, "स्वामी! कपिराज का कलेजा खाना चहाती हूं।"

"भद्रे! हम जलचर, वह स्थलचर; क्या हम उसे पकड़ सकेंगे?"

"जिस किसी भी तरह हो, पकड़ो। यदि नहीं मिला तो मैं मर जाऊंगी।"

"तो डर मत, एक उपाय है। मैं तुझे उसका कलेजा खिलाऊंगा।"

उसे आश्वासन देकर मगरमच्छ, जिस समय बोधिसत्व गंगा का पानी पीकर गंगा-तट पर बैठा था, उसके पास गया और बोला, "वानरराज! इन अस्वादिष्ट फलों को खाते हुए तू अभ्यस्त स्थान में ही चरता है। गंगा पार आम, कटहल के मधुर फल-वृक्षों की सीमा नहीं। क्या तुझे गंगा पार जाकर फल-मूल नहीं खाने चाहिएं?"

"मगरराज! गंगा में पानी बहुत है। वह विस्तृत है। मैं उधर कैसे जाऊं?"

"यदि चले तो मैं अपनी पीठ पर चढ़ाकर ले जाऊंगा।"

उसने उसका विश्वास कर 'अच्छा' कहकर स्वीकार किया। "तो आ, मेरी पीठ पर चढ़"—मगरमच्छ ने कहा। बन्दर उसकी पीठ पर चढ़ गया! थोड़ी दूर जा मगरमच्छ उसे डुबोने लगा।

"दोस्त यह क्या, मुझे पानी में डुबा रहा है?"

"मैं तुझे धर्म-भाव से नहीं ले जा रहा हूं। मेरी भार्या के मन में तेरे कलेजे के लिए दोहद उत्पन्न हुआ है। मैं उसे तेरा कलेजा खिलाना चाहता हूं।"

"दोस्त! तूने अच्छा किया, कह दिया। यदि कलेजा हमारे पेट में हो तो एक शाखा से दूसरी शाखा पर घूमते हुए चूर्ण-विचूर्ण हो जाएं।"

"तो तुम कलेजा कहां रखते हो?"

उसने पास ही फलों से लदा हुआ एक गुलर का पेड़ दिखाकर कहा, "देख मेरा कलेजा इस गूलर के पेड़ पर लटकता है।"

"यदि कलेजा दे तो मैं तुझे नहीं मारूंगा।"

"तो आ, मुझे वहां ले चल।"

वह उसे लेकर वहां गया। बन्दर ने मगरमच्छ की पीठ पर से छलांग मारी। गूलर की शाखा पर बैठकर कहा, "सौम्य मगरमच्छ! यह तो तू नदी पार आम, जामुन और कटहल बनाता है, मुझे वह नहीं चाहिएं। मुझे गूलर ही अच्छा है। तू जा।"

कुटिल तपस्वी

पूर्व समय में वाराणसी में राजा ब्रह्मदत्त राज्य करता था। उस समय बोधिसत्व गोह की योनि में पैदा हुए।

उस समय पांच अभिञ्ज्ञा प्राप्त एक उग्र तपस्वी एक गांव के समीप जंगल में पर्णकुटी में रहता था। ग्रामवासी तपस्वी की अच्छी तरह सेवा करते थे। गोह उसके टहलने की जगह के पास एक बिल में रहता था। प्रतिदिन दो-तीन बार आकर तपस्वी के पास धर्म तथा अर्थपूर्ण बातें सुनता। फिर तपस्वी को प्रणाम कर अपने निवास-स्थान लौट जाता।

कुछ दिनों बाद वह तपस्वी गांववासियों को पूछकर वहां से चला गया। उस शीलव्रत-सम्पन्न तपस्वी के चले जाने पर एक दूसरा कुटिल तपस्वी आकर उसी स्थान पर रहने लगा। गोह उसे भी पहले ही तपस्वी की तरह सदाचारी समझ उसके पास गया।

एक दिन ग्रीष्म-ऋतु में अकाल वर्षा बरसने पर बिलों से मक्खियां निकलीं। उन्हें खाने के लिए गोहें घूमने लगीं। ग्रामवासियों ने बाहर निकलकर बहुत-सी गोहें पड़ीं। चिकनी भोजन-सामग्री के साथ खट्टा-मीठा गोह-मांस तैयार कर उस तपस्वी को दिया।

तपस्वी ने गोह-मांस खाया तो उसे बहुत स्वादिष्ट लगा। उसने पूछा, "यह मांस बड़ा मीठा है। किसका मांस है?" जब उसे पता लगा कि गोह का मांस है तब वह सोचने लगा, "मेरे पास बड़ी गोह आती है। उसे मारकर उसका मांस खाऊंगा।" उसने पकाने के बरतन और उनके साथ घी, नमक आदि मंगवाकर एक ओर रख लिए। स्वयं मुद्गर लेकर काषाय वस्त्र से ढककर पर्ण-कुटी के सामने शान्तचित्त की तरह बैठ गोह की प्रतीक्षा करने लगा।

गोह शाम को तपस्वी के पास जाने के लिए निकला। समीप पहुंचते ही उसकी इन्द्रियों में विकार देखकर सोचने लगा, "यह तपस्वी उस तरह नहीं बैठा जैसे और दिनों बैठा रहता था। आज यह मेरी ओर दूषितदृष्टि से देख रहा है। इसकी परीक्षा करूंगा।" जिधर से तपस्वी की देह को छूकर हवा आ रही थी, वह उधर खड़ा हुआ। गोह के मांस की गन्ध आई! उसे सूंघकर उसने सोचा, "इस कुटिल तपस्वी ने आज गोह-मांस खाया होगा। इसी से यह रस-तृष्णा में आसक्त हो गया है। आज मेरे समीप पहुंचने पर मुझे मुद्‌गर से मारकर मांस पकाकर खाना चाहता होगा।" वह उसके पास न जाकर वापस लौटकर घूमने लगा।

तपस्वी ने गोह को निकट न आता देखकर समझा कि यह जान गया है, मैं उसे मारना चाहता हूं। इसी से नहीं आता है। न आने पर भी यह कहां बचकर जाएगा। उसने मुद्‌गर निकाल फेंककर मारा। मुद्‌गर उसकी पूंछ के सिरे में ही लगा।

गोह जल्दी से बिल में प्रविष्ट हो गया। दूसरे छेद से सिर निकालकर बोला, "कुटिल जटिल! मैं तुझे सदाचारी समझकर तेरे पास आया। लेकिन अब मैंने तेरा कुटिल स्वभाव जान लिया। तेरे जैसे महाचोर को इस प्रव्रजित भेष से क्या? जटाओं और मृगचर्म पहनने से क्या लाभ! अन्दर से तो तू इतना मैला है और बाहर से इतना धोता है!"

उल्लू और कौवे का वैर

पूर्व समय में, सृष्टि के प्रथम कल्प में, सभी मनुष्यों ने इकट्ठे होकर एक सुन्दर, शोभाशाली, आज्ञा-सम्पन्न, सब प्रकार परिपूर्ण पुरुष को चुनकर अपना राजा बनाया। चतुष्पादों ने भी इकट्ठे होकर एक सिंह को राजा बनाया। महासमुद्र में मछलियों ने आनन्द नाम की मछली को अपना राजा बनाया। तब पक्षियों ने हिमालय प्रदेश में एक चट्टान पर इकट्ठे होकर विचार किया, "मनुष्यों में राजा दिखाई देता है, वैसे ही चतुष्पादों और मछलियों में भी। हमारे बीच राजा नहीं है। अराजकता की अवस्था में रहना उचित नहीं जंचता। हमारा भी राजा होना चाहिए। किसी एक को राजा के स्थान पर रखना है।" उन्होंने उपयुक्त पक्षी की तजवीज करते हुए एक उल्लू को चुनकर कहा, "यह हमको अच्छा लगता है।"

एक पक्षी ने सबकी सम्मति जानने के लिए तीन बार घोषणा की। जब तीसरी बार घोषणा हो चुकी तो एक कौवे ने सामने आकर कहा, "जरा ठहरो। अभी सभी सम्बन्धियों ने मिलकर उल्लू को राजा बनाया है। यदि मुझे आज्ञा दें तो मुझे भी एक बात कहनी है।"

उसको आज्ञा देते हुए सभी पक्षियों ने कहा, "हे सौम्य! तुझे आज्ञा है। केवल मतलब की बात कह, क्योंकि छोटे पक्षियों में भी प्रज्ञावान और ज्ञानी होते ही हैं।" कौवे ने ऐसी अनुज्ञा पाकर कहा–"भद्रो! उल्लू का अभिषेक मुझे अच्छा नहीं लगता। अभी क्रुद्ध नहीं है तब इसका मुख ऐसा है, क्रुद्ध होने पर भला कैसा लगेगा।" इतना कह "मुझे अच्छा नहीं लगता, मुझे अच्छा नहीं लगता" कहता हुआ आकाश में उड़ा। उल्लू ने उठकर उसका पीछा किया। तब से उन दोनों का परस्पर वैर बंधा।

पक्षी स्वर्ण-हंस को राजा बनाकर अपने-अपने वासस्थान चले गए।

ब्राह्मण और भेड़ा

पूर्व समय में वाराणसी में राजा ब्रह्मदत्त राज्य करता था। उस समय उसके राज्य में एक त्रिवेदज्ञ, लोक-प्रसिद्ध ब्राह्मण आचार्य रहता था।

एक बार श्राद्ध के दिन उसने एक भेड़ा मंगवाकर अपने शिष्यों से कहा, "तात! इस भेड़े को नदी पर ले जाओ। नहलाकर, गले में माला डालकर पांच अंगुलियों को चिह्न दे, सजाकर ले जाओ।"

उन्होंने 'अच्छा' कह स्वीकार किया। भेड़े को नदी पर ले जाकर नहलाया। अच्छी तरह सजाकर नदी के किनारे खड़ा किया। वह भेड़ा अपने पूर्व जन्मों को विचारकर हंसा और रोया।

उन ब्रह्मचारियों ने उससे पूछा, "मित्र भेड़! तू जोर से हंसा और रोया। किस कारण तू हंसा और किस कारण रोया?"

"तुम लोग यह बात मुझे अपने आचार्य के पास ले जाकर पूछना।"

उन्होंने यह बात अपने आचार्य से जा कही। आचार्य ने यह बात सुन कर भेड़ से पूछा, "हे भेड़! तू किसलिए हंसा, किसलिए रोया?"

भेड़ ने पूर्व-जन्म-स्मरण-ज्ञान से अपने पूर्व-कर्म को याद कर ब्राह्मण से कहा, "हे ब्राह्मण! पूर्व-जन्म में मैं तोरे सदृश ही मन्त्र-पाठी ब्राह्मण था। श्राद्ध करने के लिए एक भेड़ मारकर मैंने मृतक भात दिया। सो, मैंने उस एक भेड़ के मारने के कारण, एक कम पांच सौ योनियों में अपना शीश कटवाया। यह मेरा पांच सौवां अन्तिम जन्म है। 'आज मैं इस दुःख से मुक्त हो जाऊंगा' सोचकर हर्षित हुआ और इस कारण हंसा और जो रोया, सो तो यह सोचकर कि मैं एक भेड़ के मारने के कारण पांच सौ जन्मों में अपना शीश कटाकर आज इस दुःख से मुक्त हो जाऊंगा, लेकिन यह ब्राह्मण मुझे मारकर, मेरी तरह पांच सौ जन्मों तक शीश कटाने के दुःख को भोगेगा;

इसलिए तेरे प्रति करुणा से रोया।"

"भेड़! डर मत, मैं तुझे नहीं मारूंगा।"

"ब्राह्मण! क्या कहते हो? तुम चाहे मारो चाहे न मारो, मैं आज मरण-दु:ख से नहीं छूट सकता।"

"भेड़! डर मत। मैं तेरी हिफाजत करता हुआ तेरे साथ ही घूमूंगा।"

"ब्राह्मण! तेरी हिफाजत अल्पमात्र है; मेरा किया हुआ पाप बड़ा है।"

"इस भेड़े को किसी को न मारने दूंगा।" सोचकर शिष्यों को साथ लेकर ब्राह्मण भेड़ के साथ ही घूमने लगा। भेड़े ने छूटते ही एक पत्थर की शिला के पास उगी हुई झाड़ी की ओर गर्दन उठाकर पत्ते खाने शुरू किए। उसी क्षण उस पत्थर-शिला पर बिजली पड़ी। उसमें से पत्थर की एक फांक छीजकर भेड़े की पसारी हुई गर्दन पर आ गिरी। गर्दन कट गई।

उस समय बोधसत्व उस जगह वृक्ष देवता होकर उत्पन्न हुए थे। वृक्ष देवता ने दैव-शक्ति से आकाश में पालथी मारकर बैठे हुए यह सोचा, "अच्छा हो अगर प्राणी पाप-कर्म के इस प्रकार के फल को जान कर प्राण-हानि न करें। यदि प्राणी इस बात को समझ लें कि जन्म लेना दु:ख है तो एक प्राणी दूसरे प्राणी की हत्या कभी न करे। प्राणघात करने वाले को चिन्तित रहना पड़ता है।"

लोभी कौवा

पूर्व समय में वाराणसी में राजा ब्रह्मदत्त राज्य करता था। उस समय बोधिसत्व कबूतर की योनि में पैदा हुए।

उस समय वाराणसी-निवासी पुण्य की इच्छा से जगह-जगह पक्षियों के लिए सुख से रहने को छींके लटकाते थे। वाराणसी के सेठ के रसोइए ने भी अपने रसोईघर में छींका लटका रखा था। बोधिसत्व वहीं रहता था। वह प्रातःकाल ही निकलकर चुगने की जगहों पर दाना चुगकर शाम पड़े लौट आता था।

एक दिन एक कौवा उसी रास्ते बड़े जोर से उड़ा जा रहा था। उसको नीचे से खट्टे-मीठे, मत्स्य-मांस की गन्ध आई। उसके मन में लोभ उत्पन्न हो गया-मुझे यह मत्स्य-मांस कैसे मिलेगा? कुछ दूरी पर बैठकर वह विचारने लगा। शाम को उसने देखा कि एक कबूतर रसोईघर में घुस रहा है। उसने सोचा-इस कबूतर के जरिए मुझे मत्स्य-मांस मिल सकता है।

इसलिए अगले दिन प्रातःकाल ही जब कबूतर चुगने के लिए जा रहा था, कौवा उसके पीछे-पीछे हो लिया। कबूतर ने उसे अपने पीछे-पीछे आता देखकर पूछा, "सौम्य! तू किसलिए मेरे साथ-साथ फिरता है?"

"स्वामी! मुझे आपकी जीवनचर्या अच्छी लगती है। अब से मैं आपकी सेवा में रहूंगा।"

"सौम्य! तुम्हारा चुगना दूसरा होता है, हमारा दूसरा। तुम्हारा मेरी सेवा में रहना कठिन है।"

"स्वामी! तुम्हारे चोगा लेने के समय मैं भी चोगा लेकर तुम्हारे साथ ही वापस लौटूंगा।"

"अच्छा, तो प्रमाद रहित होकर रहना।"

जब बोधिसत्व चुगने जाते तो वहां तृण-बीज चुगकर खाते। उसी समय में कौवा गोबर के पिण्ड को खोदकर उसमें के कीड़े खाकर पेट भरता। वह जल्दी ही कबूतर के पास आकर कहता, "स्वामी! तुम देर तक चुगते हो। अधिक खाना उचित नहीं।" जब शाम को कबूतर चोगा लेकर घर लौटा तो उसने भी उसके साथ प्रवेश किया। रसोइए ने देखा कि हमारा कबूतर एक दूसरे साथी को भी लाया है। उसने उस कौवे के लिए भी छींका टांग दिया। उस समय से दोनों वहीं रहने लगे।

एक दिन सेठ के लिए बहुत-सा मत्स्य-मांस लाया। रसोइए ने उसे रसोईघर में जहां-तहां लटका दिया। उसे देखकर कौवे के मन में लोभ पैदा हुआ। उसने निश्चय किया कि कल चुगने न जाकर मुझे यह मत्स्य-मांस ही खाना चाहिए। इसलिए वह रात को छटपटाता हुआ पड़ा रहा। अगले दिन चुगने के लिए जाते समय कबूतर ने बुलाया, "सौम्य काक! आ।"

"स्वामी! आप जाएं, मुझे पेट में दर्द है।"

"सौम्य! कौवों को पहले कभी पेट-दर्द नहीं हुआ है। वे तो भूख के मारे रात्रि के तीन पहरों में से एक-एक पहर में मूर्छित रहते हैं। तू इस मत्स्य-मांस को खाना चाहता होगा। आ, जो मनुष्य के खाने की चीज है, उसका खाना तेरे लिए अनुचित है। ऐसा मत कर, मेरे साथ चुगने के ही लिए चल।"

"स्वामी! चल नहीं सकता।"

"अच्छा, तो लोभ के वशीभूत होकर मत रह, नहीं तो तेरा कर्म तुझे फल देगा।"

कबूतर चुगने के लिए चला गया। रसोइया नाना प्रकार की मत्स्य-मांस की चीजें बना रहा था। भाप निकलने के लिए बरतनों को थोड़ा खोलकर, कड़छी को बरतनों पर रखकर वह पसीना पोंछते हुए बाहर जाकर खड़ा हो गया। उसी समय कौवे ने छींके से सिर बाहर निकालकर रसोईघर में इधर-उधर झांका। रसोइये को बाहर निकला हुआ देखकर सोचा, "अब यह मेरे मन भरकर मांस खाने का समय है। पहले बड़ा-बड़ा मांस खाऊं या चूर्ण? मांस का चूरा खाने से पेट जल्दी नहीं भरेगा, इसलिए एक बड़े से मांस के टुकड़े को छींके पर ले जाकर, वहां रखकर पड़ा-पड़ा खाऊंगा।"

यह सोचकर कौवा छींके से उड़कर कड़छी पर जा लगा। कड़छी ने 'किछीं-किछीं' शब्द किया। रसोइया उस शब्द को सुनकर दौड़ा। यह क्या है? घुसते ही कौवे को देखा। "यह दुष्ट कौवा सेठ के लिए बनाया मांस खाना चाहता है। मैं सेठ की नौकरी करके जीता हूं या इस मूर्ख की?" ऐसा कह उसने दरवाजा बन्द कर कौवे को पकड़ा और उसके सारे-शरीर पर से पर नोच, कच्चा अदरक, नमक तथा जीरा कूटकर, उसमें खट्टा-मीठा मिलाकर उसके सारे बदन पर चुपड़ दिया। फिर उस छींके में उसी प्रकार फेंक दिया।

वह अत्यन्त पीड़ा अनुभव करता हुआ छटपटाता पड़ा रहा। कबूतर ने शाम को आकर उस लोभी कौवे की पीड़ाग्रस्त देखा। उसने कहा, "लोभी कौवे! तू मेरी बात न मानकर इस दुःख में पड़ा।"

कबूतर ने निश्चय किया कि 'अब मैं इस जगह नहीं रहूंगा।' वहां से वह अन्यत्र चला गया।

कौवा वहां मर गया। रसोइये ने उसे छींके-सहित उठाकर कूड़े में फेंक दिया।

मूर्ख बन्दर

पूर्व समय में वाराणसी में राजा विश्वसेन राज्य करता था। उस समय उत्सव की घोषणा हुई। माली ने सोचा, "उत्सव में शामिल होना चाहिए।" उसने उद्यान में रहने वाले बन्दरों से कहा, "यह बाग आप लोगों के लिए बहुत उपयोगी है। मैं एक सप्ताह उत्सव मनाऊंगा। सात दिन तक आप रोपे हुए पौधों में पानी दें। उन्होंने 'अच्छा' कह स्वीकार किया। वह उन्हें मशकें देकर चला गया।" बन्दर पानी सींचने लगे। उनके मुखिया ने कहा, "जरा सब्र करो। पानी का हमेशा मिलना कठिन है। उसकी रक्षा होनी चाहिए। पहले पौधों को उखाड़कर उनकी लम्बाई नापनी चाहिए। तब बड़ी जड़ में अधिक पानी और छोटी जड़ में थोड़ा पानी डालना चाहिए।" उन्होंने 'अच्छा' कह स्वीकार किया। कुछ बन्दर पौधों को उखाड़ते जाते थे, कुछ उन्हें फिर गाड़ कर पानी देते जाते।

उस समय बोधिसत्व वाराणसी के एक कुल में पैदा हुए थे। वह किसी काम से कहीं जा रहे थे। रास्ते में उन बन्दरों को वैसा करते देखा। पूछा–

"किसने कहा तुमको ऐसा करने को?"

"मुखिया बन्दर ने।"

"भला जब तुम्हारे मुखिया की, जो सब में श्रेष्ठ है, ऐसी बुद्धि है तो तुम्हारी कैसी होगी?" यह बात सुनकर बन्दर गुस्से हो गए। उन्होंने कहा–

"हे पुरुष! तुम बिना जाने निन्दा कर रहे हो। भला जड़ को देखे बिना हम कैसे जानें कि पौधा जम गया है?"

यह सुनकर बोधिसत्व ने कहा, "मैं आप लोगों की निन्दा नहीं कर रहा हूं और न उन दूसरे बानरों की, जो वन में हैं। विश्वसेन ही निन्दनीय है जिसके लिए आप वृक्ष लगा रहे हैं।"

विषैला आम्रफल

पूर्व समय में वाराणसी में राजा ब्रह्मदत्त राज्य करता था। उस समय बोधिसत्व एक श्रेष्ठ-कुल में पैदा हुए।

क्रमशः आयु प्राप्त होने पर पांच सौ गाड़ियां लेकर वे वाणिज्य करने निकले। जंगल में से गुजरने वाले एक महामार्ग पर पहुंचे। जंगल के मुख-द्वार पर खड़े होकर उन्होंने सभी मनुष्यों को एकत्रित करवाया। उन्होंने हिदायत देते हुए कहा, "इस जंगल में विष-वृक्ष होते हैं, विष-पत्र, विष-पुष्प, विष-फल तथा विष-मधु। यदि कोई ऐसा पत्र, फूल या फल हो, जिसे तुमने पहले न खाया हो, उसे बिना मुझसे पूछे मत खाना।"

अच्छा, कहकर सभी जंगल में प्रविष्ट हुए। कुछ दूर जाने पर एक ग्राम-द्वार पर किम्बक नामक वृक्ष मिला। उस वृक्ष के तने, शाखा, पत्ते, फल, फूल सब आम की तरह थे। न केवल रंग और आकार में ही, किन्तु गन्ध और रस में भी इस वृक्ष के कच्चे-पक्के फल आम के सदृश ही थे; किनतु खाने पर हलाहल विष। उसी समय प्राणों का नाश कर देते थे।

आगे-आगे जाने वाले कुछ लोभी मनुष्यों ने ये आम के वृक्ष हैं, समझकर फल खाए। कुछ लोग हाथ में लिए खड़े रहे कि सरदार को पूछकर खाएंगे। सार्थवाह के आने पर उन्होंने पूछा, "आर्य! इन आम के फलों को खाएं?" बोधिसत्व ने जान लिया कि यह आम नहीं है। उन्होंने मना किया, "यह वृक्ष आम का नहीं, किम्फल-वृक्ष है, मत खाओ।" जिन्होंने खा लिए थे, उनको भी उल्टी कराकर औषधि पिलाकर अच्छा किया।

इससे पहले जो मनुष्य इस वृक्ष के नीचे निवास करते रहे, वे आम्रफल समझकर इनके खाते रहे और अपने प्राणों को गंवाते रहे। अगले दिन ग्रामवासी आकर मृत-मनुष्यों के पांव पकड़कर उन्हें छिपे स्थान में फेंक देते

गाड़ियों-सहित जो कुछ उनके साथ होता, ले जाते।

उस दिन भी अरुणोदय के समय ग्राम से निकलकर, 'बैल मेरे होंगे, गाड़ी मेरी होगी, सामान मेरा होगा' कहते हुए ग्रामवासी विष-वृक्ष के नीचे पहुंचे। मनुष्यों को निरोगी देखकर उन्होंने पूछा, "तुम्हें कैसे मालूम हुआ कि यह वृक्ष आम्र के वृक्ष नहीं हैं?" उन्होंने कहा, "हम नहीं जानते; हमारा ज्येष्ठ सार्थवाह जानता है।" मनुष्यों ने बोधिसत्व से पूछा, "हे पण्डित! तूने कैसे जाना कि यह वृक्ष आम का वृक्ष नहीं है?"

बोधिसत्व ने उत्तर दिया, "न तो यह वृक्ष चढ़ने में दुष्कर है, न ही गांव से दूर है। फिर भी इसके फलों को किसी ने नहीं खाया है। इन दो बातों से जानता हूं कि यह स्वादु-फलों का वृक्ष नहीं है।"

एक रुपये का चमत्कार

वाराणसी शहर में 'श्रवण' नाम का एक निर्धन व्यक्ति, एक छोटी-सी झोंपड़ी बनाकर रहता था। बेचारा दिनभर गंगा से पानी भरता और लोगों के घरों तक पहुंचाता, यही उसकी रोजी-रोटी का एकमात्र साधन था। उसका स्वभाव इतना अच्छा था कि उसे सभी लोग प्यार करते थे और हर एक की सेवा करना अपना धर्म समझता था।

एक दिन की बात है कि वह पानी के बर्तनों को कन्धे पर रखकर चला जा रहा था, तभी रास्ते में उसे एक रुपये का सिक्का पड़ा दिखाई दिया और वो भी चांदी का। जिसे देखकर खुशी के मारे उसकी आंखें फटी की फटी रह गईं थीं। उसने अपने जीवनकाल में आज तक पैसे ही देखे थे। एक रुपया तो उसने पहली बार देखा था। उस बेचारे का जन्म ही इतने गरीब घर में हुआ था कि उसको धन तो क्या दो समय की रोटी भी नसीब नहीं होती थी। श्रवण के मां-बाप भी, उसे छोटी उम्र में छोड़कर परलोक सिधार गए जिसके कारण उस पर और भी मुसीबत और गरीबी के बादल टूट-टूटकर बरस रहे थे। किन्तु आज जब उसने चांदी का रुपया देखा तो बहुत खुश हुआ।

मगर इस रुपये को रखेगा कहां? यह सवाल उसके नेत्र के सामने घूमने लगा था।

यह सवाल के पीछे रहस्य था कि उस बेचारे ने एक फटी-सी धोती का टुकड़ा पहन रखा था अतः वह उस सिक्के को कहां रखें? उसकी समझ में कुछ भी नहीं आ रहा था।

काफी सोच-विचार के बाद उसने निर्णय लिया कि राजमहल के उत्तरी दिशा में एक बहुत ही पुराना किला है, उसी के दीवार से एक ईंट निकालकर उसी में इस रुपये को छिपा दूं और जब जरूरत पड़ेगी तो निकाल लेंगे। यह

निश्चय कर वह पुराने किले में गया। उसने एक दीवार में से ईंट उखाड़ ली और उसमें रुपये को छिपाकर बाहर से फिर ईंट लगा दी। फिर पास में खड़ा होकर उस ईंट को गिनने लगा, जो नीचे से पूरी दसवीं ईंट थी।

हां, अब इसे निकालने में कोई भूल नहीं करूंगा। आज से मैं भी धनवान हो गया हूं, मेरे पास भी खजाने हैं, इस खजाने को विवाह के पूर्व तो हाथ भी नहीं लगाऊंगा। जब मेरी रानी जी आएंगी तो इसे निकालकर उसके लिए सुन्दर-सुन्दर कपड़े खरीदेंगे और उसे पहनाकर हम भी औरों के तरह शहर में धूम-धाम से घूमेंगे।

"तब कितनी खुश होगी मेरी रानी।"

कुछ ही दिन पहले उसका एक पड़ोसी रामू रजक ने कहा था श्रवण! अब तुम विवाह योग्य हो गए हो। एक लड़की मेरी नजर में है, तुम कहो तो मैं बात चलाऊं। पड़ोसी की बात सुनकर श्रवण ने उस समय टाल दिया था किन्तु आज चांदी का रुपया पाकर उसके मन में भी विवाह की इच्छाएं जाग उठी।

रुपये को छिपाकर श्रवण वहां से चल पड़ा। उसने सभी घरों में पानी पहुंचाकर रामू रजक के घर पहुंच गया और बोला-

"पांव लागि चाचा।"

"आओ पुत्र बैठो! कहो, यहां आने की कैसे तकलीफ की?"

"काका, आपसे उस दिन झूठी बात कही थी।"

कौन-सी बात पुत्र? स्पष्ट बोलो न।

"वही धनियां के...."

हां-हां बेटे, तुम धनियां की बात पक्की समझो। तुम कहो तो मैं कल ही यह शादी करवा देता हूं।

काका....आप तो महान् हैं, देवता तुल्य हैं। बिना कहे ही मेरे दिल की बात जान ली।

बस फिर क्या था, दूसरे ही दिन रामू रजक ने श्रवण की शादी मंगतराम की बेटी धनियां से धूमधाम से करा दी। तब धनियां दुल्हन बनकर उसके घर आई। अब उसके परिवार में वह और उसकी दुल्हन दो प्राणी हो गए थे। बड़ी हंसी-खुशी से दोनों का जीवन आरम्भ हुआ क्योंकि धनियां भी

श्रवण को अत्यन्त हृदय से चाहती थी।

श्रवण अपनी दुल्हन के लिए नई-नई चीजें खरीदना चाहता था। अतः उसने सोचा कि जो पुराने किले की दीवार में एक चांदी का सिक्का छिपाकर रखा हूं उसे अब निकाल लाना चाहिए। यह सोचकर वह कड़कती धूप में ही भागा-भागा उस किले की ओर जाने लगा।

उसी समय उस राज्य के महाराज अपने छत के झरोखे से बाहर की ओर झांक रहे थे। इतनी तेज़ धूप में श्रवण को इस तरह भागते देखकर उन्हें बड़ा आश्चर्य हुआ। अतः उन्होंने तुरन्त ही दो सिपाहियों को बुलाकर कहा-देखो, वह युवक तेज़ी से भागता हुआ जा रहा है, उसे मेरे पास ले आओ, हम जानना चाहते हैं कि वह ऐसा क्यों कर रहा है।

सिपाही तेज़ घोड़ा दौड़ाकर गया और श्रवण को गिरफ्तार करके राजा के सामने हाजिर किया। राजा ने पूछा-इतनी तेज़ धूप में तुम भागे-भागे जा रहे थे बताओ तुम्हें क्या कष्ट है? श्रवण ने कहा-महाराज! मैंने पुराने किले की दीवार में एक रुपया छिपाकर रखा है उसी को लेने जा रहा हूं। हमें बहुत जरूरी काम पड़ गया है। सच पूछिए तो महाराज मेरी कल ही शादी हुई है, उस रुपये से मैं अपनी पत्नी को सुन्दर-सुन्दर चीज़ें खरीदकर देना चाहता हूं।

महाराज बोले, उस एक रुपये के लिए तुम इस भयानक गर्मी में प्राण, गंवाने जा रहे हो, ऐसा मत करो। उसके बदले में मैं तुम्हें एक सौ रुपये देता हूं, जाओ, अपनी स्त्री के साथ घूमो-फिरो ऐश करो।

गुस्ताफी माफ करें देव, मैं वह रुपया लेने अवश्य जाऊंगा।

भई यदि सौ रुपये कम हैं तो दो सौ अथवा तीन सौ ले लो, किन्तु इस गर्मी में उतनी दूर मरने के लिए मत जाओ।

नहीं महाराज! आप हमें रोकें नहीं, हमें जाने ही दें।

अरे भई यदि यह भी कम है तो, चलो हम तुम्हें एक हज़ार रुपये दे देते हैं, परन्तु वहां मत जाओ।

हे अन्नदाता! क्षमा करें, मैं आपका दिया हुआ उपहार अवश्य स्वीकार करूंगा, फिर भी वह एक रुपया लेने अभी ज़रूर जाऊंगा।

राजा रुपयों की संख्या बढ़ाए जा रहे थे, किन्तु श्रवण अपनी हठ पे

अड़ा हुआ था और राजा भी जिद किए बैठे थे कि मैं इसे वह एक रुपया लेने जाने नहीं दूंगा। दोनों अपनी-अपनी हठ पर अड़े हुए थे। एक ओर राज हठ थी तो दूसरी ओर बाल हठ। दरबार में बैठे मन्त्रीगण भी अब इस तमाशे का आनन्द ले रहे थे कि देखें कौन-सी हठ की जीत होती है।

राजा ने श्रवण को एक लाख रुपये तक देने को तैयार हो गए ताकि वह झुक जाए, परन्तु श्रवण ने उसे भी अस्वीकार कर दिया। तब राजा ने कहा, सुनो नौजवान अब मैं तुम्हें आधा राज्य दान में दे देता हूं, किन्तु अब तुम अपना हठ छोड़ दो।

"ठीक है महाराज, मुझे आपकी शर्त मंजूर है।"

तब राजा को बहुत प्रसन्नता हुई, क्योंकि इसे वह अपनी बहुत बड़ी जीत समझ रहे थे। आखिर उन्होंने इस हठी युवक से अपनी बात स्वीकार करवा ही ली थी।

तभी महाराज ने घोषणा की—हम अपने राज्य का आधा भाग श्रवण को दान करते हैं, यह मेरे आधे राज्य का अब राजा है। तत्पश्चात् वह श्रवण से बोले—बेटे, बोल तुम मेरे राज्य का कौन-सा हिस्सा लोगे?

"देव! मुझे आपके राज्य का केवल उत्तरी भाग चाहिए, क्योंकि उसी भाग में पुराना किला है जहां मैंने वह एक रुपये का सिक्का छिपाया है। वह चांदी का सिक्का मेरा भाग्य विधाता है इसलिए मैं उसे नित्य ही सीने से लगाए रखूंगा।

राजा श्रवण की इस तीव्र बुद्धि पर हैरान रह गए। उन्होंने कहा—श्रवण! अन्त में विजय तुम्हारी ही हुई। तुमने वह अपना रुपया नहीं छोड़ा।

तत्पश्चात् श्रवण ने राजा को प्रणाम किया और दूसरे दिन ही अपने राज्य के कार्य भार को सम्भाल लिया और दोनों पति-पत्नी आनन्दपूर्वक राजा-रानी बनकर रहने लगे।

मूर्ख बंजारा

अतीतकाल में काशी देश में वाराणसी (बनारस) नाम का एक नगर था। उसमें राजा ब्रह्मदत्त राज्य करता था। बोधिसत्व उस समय एक बंजारे के घर पैदा हुए थे।

आयु प्राप्त होने पर उन्होंने व्यापार करना शुरू किया। वह आस-पास के ही प्रान्तों में, कभी इस प्रान्त में कभी उस प्रान्त में घूमकर व्यापार करते थे। इस प्रकार माल बेचते उन्हें कई साल बीत गए। एक बार उन्होंने सोचा क्यों न दूर प्रदेश चलकर खूब सामान बेचा जाए, तरह-तरह के माल खरीदे जाएं। इस बहाने देश भ्रमण भी होगा।

दूर-देश व्यापार के लिए जाने का विचारकर बोधिसत्व ने नाना मूल्य के बहुत से सामान एकत्र किए। पांच सौ गाड़ियों पर उन्हें लादा। इस प्रकार एक महा सार्थवाह (काफिला) के साथ काशी देश से बोधिसत्व ने यात्रा शुरू की। उसी समय बनारस से ही एक और बंजारे के पुत्र ने पांच सौ गाड़ियों पर सामान लादकर चलने की तैयारी की। बोधिसत्व ने सोचा, "अगर यह भी मेरे साथ जायगा तो एक ही रास्ते से एक हजार गाड़ियों के जाने के लिए रास्ता काफी न होगा, आदमियों के लिए लकड़ी-पानी, बैलों के लिए घास-चारा मिलना कठिन हो जाएगा। इसलिए या तो उसे आगे जाना चाहिए या मुझे।"

बोधिसत्व ने उस आदमी को बुलाकर कहा, "भाई, हम दोनों इतने जन-बल के साथ इकट्ठे नहीं जा सकते। या तो तुम आगे जाओ या मैं आगे जाऊं।" दूसरा बंजारे का बेटा इतना अनुभवी नहीं था। उसने सोचा-आगे जाने में मुझे लाभ है। बिना बिगाड़े हुए रास्ते से जाऊंगा। मेरे बैल अछूते तृण खाएंगे। अपने आदमियों को तेमन बनाने के लिए अछूते पत्ते मिलेंगे। साफ

और इच्छाभर पानी मिलेगा और मनमाने दाम पर सौदा बेचूंगा। अपने लाभ की ये सब बातें सोचकर उसने बोधिसत्व को जवाब दिया, "मित्र! मैं ही आगे जाऊंगा।"

बोधिसत्व ने पीछे जाने में बहुत लाभ देखे। उसने सोचा–अगर यह बंजारा आगे–आगे जाएगा तो इसकी गाड़ियों के पहियों से तथा बैल और आदमियों के पैरों से ऊबड़–खाबड़ रास्ते समतल हो जाएंगे। जहां रास्ता नहीं होगा, वहां रास्ता बन जाएगा तथा बने रास्ते और साफ हो जाएंगे। मैं उसके रास्ते पर चलूंगा। आगे जाने वाले उसके बैल पकी–कड़ी घास खा लेंगे और मेरे बैल नए, मधुर तृण खाएंगे। पत्ते तोड़े गए स्थानों पर नए उगे पत्ते साग–भाजी के लिए बड़े स्वादिष्ट होंगे। जहां पानी नहीं होगा वहां ये लोग खोदकर पानी निकालेंगे। उनके खोदे हुए कुओं, गढ़ों से हम पानी पीएंगे। चीजों का मूल्य निर्धारित करना ऐसा ही है जैसे मनुष्यों की जान लेना। इसके आगे–आगे जाने से मुझे ऐसा नहीं करना पड़ेगा। इसके ही निर्धारित किए हुए दाम पर सौदा बेचूंगा। इतने लाभ देखकर उसने कहा, "मित्र! तुम आगे जाओ।"

"अच्छा मित्र!" कह वह मूर्ख बंजारा गाड़ियों को जोत नगर से निकला। क्रमशः एक प्रदेश से दूसरे प्रदेश में सामान बेचता वह मरुभूमि के निकट पहुंचा। मरुभूमि पार कर उसे दूसरे प्रदेश में जाना था।

जिस कान्तार में वह प्रवेश करने जा रहा था वह बिना पानी का तथा भूत–प्रेतों वाला था। कान्तार कई तरह के होते हैं; किसी में चोरों का भय होता है, किसी में हिंसक जन्तुओं का, कोई भूतों का कान्तार, कोई बिना पानी का तथा किसी में खाने–पीने की वस्तुएं नहीं मिलतीं। उस आगे जाने वाले बंजारे के बेटे ने बड़े–बड़े मटकों में पानी भरवाकर गाड़ियों पर लदवाया तब उस बिना पानी वाले साठ योजन के कान्तार में प्रवेश किया।

क्रमशः चलता हुआ वह बीच कान्तार के पहुंचा। उस कान्तार में रहने वाले दैत्यों ने सोचा–यदि हम इसके पानी के मटके किसी तरह फिंकवा दें तो ये लोग पानी के बिना कमजोर पड़ जाएंगे। न आगे ही जा सकेंगे, न पीछे लौट सकेंगे। तब हम इनको बड़ी आसानी से खा सकेंगे।

यह सोचकर दैत्यों के सरदार ने सफेद रंग के तरुण बैलों को

सुन्दर-सुन्दर गाड़ियों में जुतवाया। धनुष-तरकस, ढाल, तलवार आदि पांच शस्त्रों को धारण किया। नीले और सफेद कमलों की मालाएं गले में पहनीं। बाल और वस्त्र इस प्रकार भिगो लिए जैसे अभी वह घनघोर वर्षा में से आ रहा हो। अपनी गाड़ियों के पहियों को कीचड़ लगवा दिया तब अपने आदमियों के साथ आगे रथ पर बैठकर राजा की तरह बंजारे के सामने दूर से आता हुआ दिखाई दिया। उसके आगे-पीछे चलने वाले सेवक भी उसी प्रकार भीगे केश, भीगे वस्त्र, नीले, सफेद कमलों के गुच्छे लिए, पानी तथा कीचड़ की बूंदें टपकाते हुए, मिस की जड़ें खाते हुए इस प्रकार दैत्य सरदार के आगे-पीछे चले जैसे किसी महासरोवर के पास से आ रहे हों।

रेगिस्तान का बालू गरम हो जाता तथा हवा धू-धू करके चलती थी। भयानक हवा कभी आगे से चलती, कभी पीछे से चलती। जब आगे की हवा चलती तो बंजारा अपना रथ आगे करके चलता था। नौकर-चाकरों से धूल हटवाता चलता था। जब पीछे की हवा चलती तो अपना रथ पीछे करके ध ूल हटवाता चलता था। उस समय सामने की हवा थी, इसलिए बंजारा आगे-आगे जा रहा था।

जब दैत्य बंजारे के निकट पहुंचा तो उसने अपना रथ रास्ते से एक ओर कर लिया। आमना-सामना होने पर उसने पूछा, "कहां जाते हैं?" फिर उसका निर्दिष्ट स्थान जानकर कुशल-क्षेम की बात-चीत की।

बंजारे ने भी अपने रथ को रास्ते से एक ओर कर लिया। गाड़ियों को जाने का रास्ता देकर दैत्य से बोला, "जी! हम बनारस से आते हैं। सौदा बेचने जा रहे हैं।"

"यह जो आप लोग उत्पल-कुमुद धारण किए हैं, पद्म-पुण्डरीक हाथ में लिए हैं, पानी से लथपथ बूंदें टपकाते, मिस की जड़ें खाते आ रहे हैं, इससे तो मालूम पड़ता है कि आगे रास्ते में वर्षा हो रही है और उत्पल आदि से ढके सरोवर हैं!"-बंजारे ने जिज्ञासा की।

"जी हां, यह तो बिल्कुल सही बात है। वह देखिए न, सामने जो हरे रंग की बन-पांति दिखाई दे रही है, उसके आगे के सारे जंगल में मूसलाधार वर्षा हो रही है। पहाड़ की दरारें भरी हुई हैं। जगह-जगह पद्म आदि से पूर्ण जलाशय हैं।"

"गाड़ियों में क्या-क्या सौदा जा रहा है?"–दैत्य ने पुनः प्रश्न किया।

"यही किसी में काशी के वस्त्र हैं, किसी में अमुक खाने की चीजें हैं, किसी में अमुक....।"

"और इस पिछली गाड़ी में तो बहुत सारी सामान लदा है, भला क्या होगा उसमें?"

"जी, उसमें पानी है।"

"मगर अब आपको पानी का क्या प्रयोजन है? अभी तक ले आए सो तो ठीक किया, मगर इससे आगे तो अधिकता से पानी है। मटकों का पानी गिराकर तुम सुख से क्यों नहीं जाते?"

इस प्रकार की बात-चीत कर और "आप जाइए, हमें देर हो रही है" कहकर दैत्य चला गया। कुछ दूर जाकर वह आंखों से ओझल हो गया और अपने नगर पहुंच गया।

उस मूर्ख बंजारे ने अपनी मूर्खता के कारण दैत्य की बात मान ली। चुल्लूभर भी पानी बिना शेष रखे सब मटके फुड़वा दिए। तब गाड़ियां हंकवाईं कुछ दूर जाने पर आदमियों को प्यास लगी। मगर उन्हें कहीं भी पानी नहीं मिला। वे सूर्यास्त तक चलते रहे, शाम तक पानी न मिला। आखिरकार बैलों को खोल गाड़ियों को घेरा बना, बैलों को गाड़ियों के पहियों से बांध दिया। न बैलों को पानी मिला न मनुष्यों को भोजन। मनुष्य जहां-तहां तड़पकर सो रहे। पानी के बिना वे अत्यन्त दुर्बल हो गए। रात होने पर दैत्य नगर से बाहर आए। उन्होंने सब बैलों तथा मनुष्यों को मारकर खाया। हड्डियां वहीं छोड़ चले गए।

इस प्रकार वह बंजारे का पुत्र अपनी मूर्खता के कारण अपना सब कुछ नाश कर बैठा। उनकी हाथ आदि की हड्डियां इधर-उधर बिखर गईं। पांच सौ गाड़ियां जैसी की तैसी खड़ी रहीं।

उस मूर्ख बंजारे के चले जाने के मास-आध मास बाद बोधिसत्व भी पांच सौ गाड़ियों के साथ नगर से निकले। क्रमशः चलते हुए उसी कान्तार के मुख पर पहुंचे। वहां उन्होंने पानी के मटकों में बहुत-सा पानी भर लिया। अपने तम्बुओं में ढिंढोरा पिटवा आदमियों को एकत्र किया। उनको हिदायत दी कि बिना मुझसे पूछे एक चूल्लूभर भी पानी काम में न लाना। जंगल में

विषैले वृक्ष भी होते हैं। इसलिए किसी ऐसे पत्ते, फूल या फल को, जिसे पहले न खाया हो, बिना मुझसे पूछे कोई न खाए।

इस प्रकार आदमियों को ताकीद कर पांच सौ गाड़ियों के साथ मरुभूमि की ओर बढ़े। जब वे मरुभूमि के मध्य में पहुंचे तब उस दैत्य ने दूर से उनको आते देखा। वह पहले की भांति राजा का कपट-रूप बनाकर बोधिसत्व के मार्ग में प्रकट हुआ। बोधिसत्व ने उसे देखते ही पहचान लिया और मन में सोचने लगे, "इस मरुभूमि में जल नहीं है। इसका नाम ही निर्जल कान्तार है। यह पुरुष निर्भय दिखाई देता है। इसकी आंखें लाल हैं। पृथ्वी पर इसकी छाया तक नहीं दिखाई पड़ती। निःसन्देह इसने आगे गए मूर्ख बंजारे का सब पानी फिंकवा, उन्हें पीड़ित कर, मण्डली-सहित खा लिया होगा; लेकिन यह मेरी पण्डिताई तथा चतुराई को नहीं जानता।

बोधिसत्व ने दैत्य से कहा, "तुम जाओ। हम व्यापारी लोग बिना दूसरा पानी देखे पहला नहीं फेंकते। जहां दूसरा पानी दिखाई देगा, वहां हम पानी को फिंकवा गाड़ियों को हल्का कर चल दें।"

दैत्य थोड़ी दूर जाकर अन्तर्धान हो, अपने नगर को चला गया। उसके चले जाने पर आदमियों ने बोधिसत्व से पूछा, "आर्य! यह मनुष्य कह रहा था कि यह जो हरे रंग वाली बन पांति दिखाई देती है, उसके आगे मूसलाधार वर्षा हो रही है। ये लोग उत्पल-कुमुद आदि की मालाएं धारण किए थे, पद्म-पुण्डरीक के गुच्छे हाथ में लिए थे, जिनकी जड़ें वे खा रहे थे, उनके वस्त्र पानी से लथपथ थे। इसलिए आगे पानी जरूर होगा, हम पानी फेंक दें, गाड़ियों को हल्का कर चलें।"

बोधिसत्व ने उनकी बात सुनकर सब गाड़ियों को रुकवा, मनुष्यों को एकत्र कराया। उसने पूछा, "क्यों, तुममें से किसी ने इस कान्तार में तालाब अथवा कोई पुष्करणी होने की बात कभी पहले सुनी थी?"

"नहीं आर्य! यही सुना था कि यह निर्जल कान्तार है।"

अब कुछ मनुष्य कहते हैं कि इस हरे रंग की बन पांति के उस पार वर्षा हो रही है। अच्छा तो वर्षा की हवा कितनी दूर तक चलती है?"

"आर्य! योजन भर-"

"क्या किसी एक भी आदमी के शरीर को वर्षा की हवा लग रही है?"

"आर्य! नहीं।"

"काले बादल कितनी दूर तक दिखाई देते हैं?"

"आर्य! योजन भर।"

"क्या किसी को भी बादल दिखाई दे रहा है?"

"आर्य! नहीं।"

"बिजली कितनी दूर तक दिखाई देती है?"

"आर्य! चार-पांच योजन तक।"

"क्या किसी को बिजली का प्रकाश दिखाई पड़ता है?"

"आर्य! नहीं।"

"बादल की गरज कितनी दूर तक सुनाई देती है?"

"आर्य एक-दो योजन भर।"

"क्या किसी को बादल की गरज सुनाई दी है?"

"आर्य! नहीं।"

"तो सुनो, ये मनुष्य नहीं, दैत्य थे। वे हमारा पानी फिंकवाकर हमें दुर्बल कर खाने आए होंगे। तुम देखोगे कि आगे जाने वाले बंजारे को वे उसका पानी फिंकवाकर अवश्य खा गए होंगे। उसकी पांच सौ गाड़ियां जैसी-की-तैसी भरी खड़ी होंगी। वह बंजारे का पुत्र उपाय कुशल नहीं था। आज तुम उसे रास्ते में देखोगे। इसलिए चुल्लूभर भी पानी बिना फेंके गाड़ियों को हांको।"

आगे पहुंचकर बोधिसत्व ने पांच सौ गाड़ियों को जैसी-की-तैसी पाया। बैलों तथा आदमियों की हड्डियां इधर-उधर बिखरी देखीं। उससे कुछ दूर बोधिसत्व ने गाड़ियां खुलवा दीं। गाड़ियों के इर्द-गिर्द घेरे में तम्बू तनवा दिए। दिन रहते ही आदमियों और बैलों को शाम का भोजन खिलाया। मनुष्यों के घेरे के बीच बैलों को बंधवाया। कुछ मनुष्यों को साथ हाथ में खंजर लिए स्वयं रात्रि के तीनों प्रहर पहरा देते खड़े रहे। तड़के बैलों को खुलवाया। कमजोर गाड़ियों को छोड़ उनकी जगह पहले बंजारे की मजबूत गाड़ियां लीं। कम कीमत का सौदा छोड़ उनकी जगह अधिक दाम वाला सौदा लिया। तब बैलों को गाड़ियों में जोतकर आगे चले। सामान को दुगुने-तिगुने दाम पर बेचकर सारी मण्डली के साथ खुशी-खुशी अपने नगर लौट आए।

तण्डुल-नलिका का मोल

पूर्व समय में, काशी राष्ट्र में बनारस नाम का नगर था। वहां ब्रह्मदत्त राजा राज्य करता था। उस समय बोधिसत्व चीजों का मूल्य निर्धारित करने वाले 'अर्ध-कारक' के पद पर नियुक्त थे। वह हाथी, घोड़े, मणि, सुवर्ण आदि का मूल्य निश्चित करके चीज के मालिक को चीज का उचित मूल्य दिलवाते थे।

लेकिन वह राजा लोभी था। उसने सोचा—यदि यह अर्ध-कारक इस प्रकार मूल्य निश्चित करता रहा तो थोड़े ही समय में मेरे घर का सब धन नष्ट हो जाएगा। इसलिए किसी दूसरे आदमी को अर्ध-कारक बनाना चाहिए।

राजा उस समय खिड़की खोलकर राजांगण में झांक रहा था। उसने एक मूर्ख, गंवार और लोभी आदमी को उधर से जाते देखा। मन में सोचने लगा—यह आदमी दाम लगाने का काम कर सकेगा। उसे बुलवाकर पूछा, "अरे! क्या तू हमारा दाम लगाने का काम कर सकेगा?"

"देव! कर सकता हूं।"

राजा ने अपने धन की रक्षा करने के लिए उस मूर्ख आदमी को अर्ध-कारक के पद पर स्थापित किया। वह मूर्ख आदमी घोड़े आदि का दाम लगाते समय दाम को घटाकर मन में जैसा आता, वैसा दाम लगाया करता था। उस पद पर प्रतिष्ठित होने के कारण वह जो कुछ भी निश्चित करता, वही चीजों का मूल्य होता था। उस समय उत्तरापथ का घोड़ों का एक व्यापारी पांच सौ घोड़े लेकर आया। राजा ने अर्ध-कारक को बुलाकर घोड़ों का दाम लगवाया। उसने पांच सौ घोड़ों का दाम एक तण्डुल-नालिका निश्चित किया। "घोड़ों के व्यापारी को एक तण्डुल-नालिका दे दो" कहकर राजा

ने घोड़ों को अश्वशाला में भिजवा दिया।

व्यापारी सिर पीटकर रोने लगा, "पांच सौ बढ़िया घोड़े और उनकी कीमत एक नालिका तण्डुल!" वह पुराने अर्ध-कारक के पास गया। सारा समाचार सुनाकर उसने सलाह पूछी कि अब क्या करना चाहिए?

उसने उत्तर दिया, "उस आदमी को रिश्वत देकर उससे कहो कि "हमारे घोड़ों का मूल्य एक तण्डुल-नालिका है, यह तो हमें मालूम हो गया; अब हम यह जानना चाहते हैं कि आपसे जो तण्डुल-नालिका मिली है, उसका क्या मूल्य है? क्या आप राजा के सम्मुख खड़े होकर कह सकेंगे कि एक तण्डुल-नालिका का क्या मूल्य है? यदि कहे कि 'कह सकता हूं' तो उसे राजा के पास लेकर जाओ। मैं भी वहां आऊंगा।"

घोड़ों के व्यापारी ने 'अच्छा' कहकर बोधिसत्व की सलाह को स्वीकार किया। उसने अर्ध-कारक को रिश्वत देकर वह बात कही। रिश्वत पाकर उसने उत्तर दिया, "हां, तण्डुल-नालिका का मोल कर सकता हूं।"

"तो राज-कुल चलें" कहकर व्यापारी उसे राजा के पास ले गया। बोधिसत्व तथा दूसरे अमात्य भी वहां आए।

राजा को प्रणाम कर घोड़ों के व्यापारी ने कहा, "देव! यह तो मैंने जाना कि पांच सौ घोड़ों का मूल्य एक तण्डुल-नालिका है, अब कृपा कर अर्ध-कारक से पूछें कि एक तण्डुल-नालिका का क्या मूल्य है।"

राजा भीतर के रहस्य को नहीं जानता था। उसने पूछा, "अरे अर्ध-कारक! पांच सौ घोड़ों का क्या मूल्य है?

"देव! एक तण्डुल-नालिका।"

"और उस तण्डुल-नालिका का क्या मूल्य है?"

"देव! भीतर-बाहर सारी वाराणसी।"

उस समय सारी वाराणसी बारह योजन में फैली हुई थी। उसके अन्दर बाहर तीन सौ योजन का देश था। उस मूर्ख ने अन्दर और बाहर, इतनी बड़ी वाराणसी का मूल्य एक तण्डुल-नालिका।

उसके इस निश्चय को सुनकर आमात्य ताली पीटकर हंसने लगे, "हम आज तक यही समझते थे कि पृथ्वी और राज्य अमूल्य होते हैं, लेकिन आज मालूम हुआ कि इतने बड़े राज्य-सहित वाराणसी का मूल्य एक

तण्डुल-नालिका मात्र है। अहो! मूल्य करने वाले की प्रज्ञा! इतने समय तक यह अर्ध-कारक कहां छिपे रहे? हमारा राज्य ही इनके योग्य नहीं है।"

तब राजा ने लज्जित होकर उस मूर्ख को निकाल दिया। बोधिसत्व को ही पुनः अर्ध-कारक का पद दिया।

भूरा मृग

पूर्व समय में वाराणसी में राजा ब्रह्मदत्त राज्य करता था। उस समय बोधिसत्व कुरंग-मृग की योनि में पैदा हुए थे। वह जंगल में फल खाकर रहते थे।

उस समय वह एक वृक्ष विशेष के फल खाया करते थे। अटारी पर से शिकार खेलने वाला एक ग्रामीण शिकारी फलदार वृक्षों के नीचे मृगों के पद-चिह्न देख उन पर अटारी बांधकर बैठता था। जो मृगफल खाने आते, उन्हें अटारी पर से ही आयुध से बींधकर उनका मांस बेचकर गुजारा करता था।

एक दिन उसने उस वृक्ष के नीचे बोधिसत्व के पद-चिह्नों को देखा, जिसके नीचे बोधिसत्व फल खाने आते थे। प्रात:काल ही खाना खा, हाथ में शक्ति ले, वन में प्रवेश कर उस वृक्ष की अटारी पर जा बैठा। बोधिसत्व भी प्रात:काल ही फलों को खाने की इच्छा से अपने निवास-स्थान से निकलकर उस वृक्ष की ओर चले। लेकिन बोधिसत्व एकदम वृक्ष के नीचे न जाकर यह सोचते हुए खड़े रहे कि कभी-कभी शिकार खेलने वाले शिकारी वृक्षों पर अटारी बांधते हैं, कहीं इसी तरह की कुछ गड़बड़ न हो।

शिकारी ने मृग को जल्दी न आता देख अटारी पर बैठे-ही-बैठे फलों को बोधिसत्व के आगे बढ़ाकर फेंका। बोधिसत्व ने सोचा, "यह फल इतनी दूर आ-आकर मेरे सामने गिरते हैं। शायद ऊपर शिकारी है।" अधिक सोच-विचार न कर उसने कहा, "हे वृक्ष! पहले तू फलों को सीधे ही गिराता था, लेकिन आज तूने अपना वृक्ष-स्वभाव छोड़ दिया। मेरे आगे विशेष रूप से फल फेंक रहा है। सो, जब तूने वृक्ष-स्वभाव छोड़ दिया तो मैं भी तुझे छोड़कर दूसरे वृक्ष के नीचे जाकर अपना आहार खोजूंगा।"

सूअर का भरण भोज

पूर्व समय में वाराणसी में राजा ब्रह्मदत्त राज्य करता था। बोधिसत्व एक गांव में एक कुटुम्बी के घर गो–योनि में पैदा हुए–नाम था महालोहित। उनका एक छोटा भाई भी था। उसका नाम चुल्ललोहित। इन दोनों भाइयों के कारण ही उस परिवार का काम उन्नति पर था।

उसी कुल में एक कुमारी भी थी। एक नगर–वासी ने उस कुमारी को अपने पुत्र के लिए वरा। कुमारी के माता–पिता एक सूअर को यवागुभात खिला–पिलाकर पालने लगे, यही सोचकर कि कुमारी के विवाह के अवसर पर आने वाले आगन्तुकों के लिए यह सालन की सामग्री होगा।

चुल्ललोहित को सूअर की यह खातिर अच्छी न लगी। उसने अपने भाई से पूछा, "इस परिवार के काम–काज को उन्नत बनाने वाले हम हैं। हम दोनों भाइयों के कारण ही यह समृद्धि पर है लेकिन इस घरवाले हमें तो केवल तृणा–पुवाल ही देते हैं।

सूअर को यवागू–भात खिलाकर पालते हैं। इसको यह सब किस कारण से मिलता है?" उसके भाई ने उत्तर दिया, "तात चुल्ललोहित! तू इसके भोजन की ईर्ष्या मत कर।

तू उत्सुकता–रहित होकर भूसे को खा। यह सूअर अपना मरण–भोजन खा रहा है। इस कुमारी के विवाह के अवसर पर आने वाले आगन्तुकों के लिए सालन की सामग्री होगा। इसी से घरवाले इसे पोस रहे हैं। कुछ ही दिन के बाद वे लोग आ जाएंगे।

तब तू देखेगा कि ये लोग इस सूअर के पैरों से पकड़कर घसीटते हुए उसके निवासस्थान से बाहर निकाल लेंगे। इसको मारकर आगन्तुकों के लिए सूप–व्यंजन बनाएंगे।"

थोड़े दिनों के बाद ही वे मनुष्य आ गए। सूअर को मारकर नाना प्रकार के सूप-व्यंजन बनाए। बोधिसत्व ने चुल्ललोहित से पूछा, "तात तूने सूअर को देखा?"

"भाई! देख लिया उसको मिलने वाले भोजन का फल। उससे तो लाख दर्जे अच्छा हमारा तृण वाला भूसा ही है। यह दीर्घायु का लक्षण है।"

फूट का फल

पूर्व समय में वाराणसी में राजा ब्रह्मदत्त राज्य करता था। उस समय बोधिसत्व बटेर की योनि में पैदा हुए थे। बड़े होने पर वे अनेक सहस्र बटेरों के साथ जंगल में रहने लगे।

उस समय बटेरों का एक शिकारी, बटेरों के रहने के स्थान से कुछ दूर पर जाकर बटेरों की-सी आवाज लगाता। जब बटेर वहां इकट्ठे हो जाते तो उन पर जाल फेंक देता। जब वे जाल में फंस जाते तो जाल को किनारों से दबाता हुआ सबको एक जगह करके पेटी में भर लेता। उन्हें बेचकर उस आमदनी से अपनी जीविका चलाता।

एक दिन बोधिसत्व ने उन बटेरों को बुलाकर कहा, "यह चिड़ीमार हमारी जाति-बिरादरी का नाश कर रहा है। क्या करना चाहिए?" बटेरों ने कहा, "आप ही बताइये, क्या करना चाहिए?"

"मैं एक उपाय बताता हूं, जिससे यह हमें न पकड़ सकेगा। अब से जैसे ही यह तुम्हारे ऊपर जाल फेंके, वैसे ही जाल की एक-एक गांठ में सिर रखकर जाल-सहित उड़ जाओ। उसे यथेष्ट स्थान पर ले जाकर किसी कांटेदार झाड़ी के ऊपर डाल दो। नीचे से जहां-तहां से भाग जाओ।"

सबने 'अच्छा' कह स्वीकार किया। दूसरे दिन जब चिड़ीमार ने उनके ऊपर जाल फेंका तो वे जाल उड़ाकर ले गए और वह कांटेदार झाड़ी पर डाल दिया। अपने नीचे से जहां-तहां से निकल भागे।

झाड़ी में से जाल निकालते-निकालते ही चिड़ीमार विकल हो गया। वह खाली हाथ ही घर लौटा। उसके बाद से बटेरे रोज वैसा ही करते। वह चिड़ीमार सूर्यास्त तक जाल छुड़ाता ही रह जाता। बिना कुछ पाए हुए खाली हाथ लौट आता।

उसकी भार्या ने छूछे हाथ लौटते देखकर कहा, "तुम रोज खाली हाथ घर लौटते हो। मालूम होता है, बाहर किसी और की भी परवरिश हो रही है?"

"नहीं भद्रे! मैं किसी और को नहीं पालता-पोसता हूं। बात असल में यह है कि ये बटेरे आज-कल एकमत होकर चुगते हैं। मेरे डाले जाल को कांटों की झाड़ी पर फेंककर चले जाते हैं। लेकिन तू चिन्ता मत कर। वे सदैव एक-मत नहीं रहेंगे। जिस समय वे फूट और विवाद में पड़ेंगे, उस समय उन सबको लेकर तुझे हंसाता घर लौटूंगा।"

स

कुछ दिनों बाद। बटेरों का मण्डल एक गोचर-भूमि पर उतरा हुआ था। चारा चुगते हुए वे आपस में खेलते-कूदते भी थे। उस समय गोचर-भूमि पर उतरता हुआ एक बटेर गलती से दूसरे के सिर पर से लांघ गया। दूसरे ने क्रुद्ध होकर कहा, "कौन लांघा मेरे सिर पर से?"

"भाई! मैं गलती से लांघ गया। क्रुद्ध मत हो।"

उस बटेर के माफी मांगने पर भी वह क्रोध करता ही गया। आपस में दल-बन्दी हो गई। बार-बार बोलते हुए वे एक-दूसरे को ताना देने लगे, "मालूम होता है जैसे तू ही जाल को उठाता है!"

उन्हें इस प्रकार विवाद करते देखकर बोधिसत्व ने सोचा, "विवाद करने वालों का कुशल नहीं है। अब ये जाल नहीं उठाएंगे और महान् विनाश को प्राप्त होंगे। चिड़ीमार को अवसर मिल जाएगा।"

जब लाख समझाने पर भी वे नहीं माने तब बोधिसत्व अपनी जमात को साथ लेकर कहीं और चला गया।

फिर आकर चिड़ीमार ने बटेरों की बोली बोली। जब वे एकत्र हो गए तब उन पर जाल फेंका। तब एक बटेर ने दूसरे को कहा, "जाल ही उठाते-उठाते तेरे सिर के बाल गिर गए। ले अब तो उठा।" दूसरे ने कहा, "जाल उठाते-उठाते तेरे दोनों पंखों की पंखुड़ियां गिर पड़ीं। ले अब तो उठा।"

इस प्रकार जब वे 'तू उठा-तू उठा' कहकर विवाद कर रहे थे, तब तक चिड़ीमार ने ही जाल को उठा लिया। उन सबको एकत्रित कर, पेटी भर, भार्या को प्रसन्न करता हुआ वह घर लौटा।

ठग बगुला

पूर्व समय में कमलों के तालाब के पास जंगल में एक वृक्ष था। उस समय बोधिसत्व उस वृक्ष पर वृक्ष-देवता होकर पैदा हुए।

उसके कुछ दूर पर एक दूसरा तालाब था। उसमें पानी की कमी हो गई उस तालाब में बहुत-सी मछलियां रहती थीं। उनको देखकर एक बगुले के मुंह में पानी भर आया। उसने सोचा, "एक तरीके से इन मछलियों को ठगकर खाऊंगा।" पानी के किनारे जाकर वह विचारमग्न-सा मुंह बनाकर बैठा। उसे देखकर मछलियों ने पूछा, "आर्य! चिन्तित क्यों बैठे हैं?"

"बैठा, तुम्हारे लिए सोच रहा हूं।"

"आर्य! हमारे लिए क्या चिन्ता कर रहे हैं?"

"यही कि इस तालाब में पानी नपा-तुला है, भोजन की कमी है, गरमी की अधिकता है; अब ये मछलियां क्या करेंगी?"

"तो आर्य! हम क्या करें?"

"यदि तुम मेरा कहना मानो तो मैं तुम्हें, एक-एक करके, चोंच से पकड़, पंच-वर्ण कमलों से आच्छन्न एक महातालाब में ले जाकर छोड़ आऊं।"

"आर्य! प्रथम-कल्प से लेकर आज तक मछलियों की चिन्ता करने वाला कोई बगुला नहीं हुआ। क्या तुम हमें एक-एक करके खाना चाहते हो?"

"मैं तुम्हें किसी-न-किसी तरह बचाना ही चाहता हूं। यदि तुमको मेरी, तालाब के होने की बात पर विश्वास नहीं है तो पहले मेरे साथ एक मछली को तालाब देखने के लिए भेजो।"

मछलियों ने उसकी बात पर विश्वास कर लिया। एक कानी मछली

को यह सोचकर उसके साथ भेजा कि यह जल-स्थल दोनों जगहों पर समर्थ है। उसने उसे ले जाकर तालाब में छोड़ दिया। सारा तालाब दिखा कर फिर उन मछलियों के पास वापस लाया। उसने उन मछलियों से तालाब के सौन्दर्य की प्रशंसा की। उसकी बात सुनकर सभी जाने को इच्छुक हो गईं। उन्होंने बगुले से कहा, "आर्य! हमें लेकर चलो।"

बगुला पहले उस काने महामत्स्य को ही तालाब के किनारे ले गया। तालाब दिखाकर, तालाब के किनारे वाले वरुण-वृक्ष पर जा बैठा। उसको शाखाओं के बीच में डालकर चोंच से कोंच-कोंचकर मारा। मांस खाकर मत्स्य के कांटों को वृक्ष की जड़ में डाल दिया। फिर जाकर उन मछलियों से कहा, "उस मछली को मैं छोड़ आया, अब दूसरी आए।" इस उपाय से बगुला एक-एक करके उन सब मछलियों को खा गया।

इस प्रकार जब तालाब की सब मछलियां खत्म हो गईं तब एक केकड़े की बारी आई। बगुले ने उसे खाने की इच्छा से कहा, "भो कर्कट! मैं सब मछलियों को ले जाकर महातालाब में छोड़ आया। आ, तुझे भी ले चलूं।"

"ले चलोगे, मगर मुझे पकड़ोगे कैसे?"

"चोंच में पकड़कर ले जाऊंगा।"

"तुम इस प्रकार ले जाते हुए मुझे गिरा दोगे। मैं तुम्हारे साथ नहीं जाऊंगा।"

"डर मत! मैं तुझे अच्छी तरह पकड़कर ले जाऊंगा।"

केकड़े ने सोचा, "इसने मछलियों को तो तालाब में ले जाकर नहीं ही छोड़ा है। अगर मुझे ले जाकर तालाब में छोड़ देगा तो इसमें इसकी कुशल है, नहीं तो उसकी गर्दन छेदकर प्राण हर लूंगा।"

इसलिए उसने कहा, "मित्र बगुले! तू ठीक से न पकड़ सकेगा। लेकिन हमारा जो पकड़ना है, वह पक्का होता है। यदि मुझे अपने डंक से अपनी गर्दन पकड़ने दे तो मैं चलूंगा।" बगुले ने केकड़े की ठगने की इच्छा को जानते हुए कहा, "अच्छा।"

केकड़े ने अपने डंक से लोहार की संडासी की तरह उसकी गर्दन को अच्छी तरह पकड़कर कहा, "अब चल।" बगुला उसे तालाब दिखाकर वरुण-वृक्ष की ओर उड़ा।

केकड़े ने कहा, "मामा! तालाब तो यहां है, लेकिन तू यहां से ले कहां जा रहा है?"

"बगुले ने कहा, "मालूम होता है, तू समझता है कि मैं 'प्यारा मामा' और तू मेरी बहन का प्रिय पुत्र है, इसीलिए मैं तुझे उठाए फिरता हूं। मैं तेरा दास हूं? देख, इस वरुण–वृक्ष के नीचे पड़े मछलियों के कांटों के ढेर को। जैसे मैं इन मछलियों को खा गया, वैसे तुझे भी खाऊंगा।"

केकड़े ने गरजकर उत्तर दिया, "यह मछलियां अपनी मूर्खता से तेरा आहार हुईं। मैं तुझे अपने को खाने न दूंगा। किन्तु, तेरा ही विनाश करूंगा। तू नहीं जानता कि तू अपनी मूर्खता से ठगा गया है। मरना होगा तो दोनों मरेंगे। देख, मैं तेरे सिर को काटकर भूमि पर फेंक देता हूं।"

इतना कहकर केकड़े ने संडासी की तरह अपने डंक से उसकी गर्दन भींची बगुले ने मुंह फैला दिया। आंखों से आंसू गिरने लगे। मरने के भय से उसने कहा, "स्वामी! मुझे जीवन दो, मैं तुम्हें नहीं खाऊंगा।"

"यदि ऐसा है तो उतरकर मुझे तालाब में छोड़ो।"

वह रुक गया। तालाब पर उतरकर उसने केकड़े को तालाब के किनारे कीचड़ पर रखा। कैंची से कुमुद की डंठल की तरह केकड़ा उसकी गर्दन काटकर पानी में घुस गया।

मरे हुए चूहे से व्यापार

पूर्व समय में वाराणसी में राजा ब्रह्मदत्त राज्य करता था। उसके राज्य के किसी गांव में एक निर्धन व्यक्ति रहता था। उसके पास अपने जीवन-निर्वाह का कोई साधन न था। बेचारा रोज मेहनत-मज़दूरी करता था और उसी से परिवार का पालन-पोषण करता था।

उसके यहां बोधिसत्व ने एक पुत्र रूप में जन्म लिया, जिसका नाम था चन्दू। वही उसके आंखों का तारा था। अतः वह चन्दू पढ़ाई-लिखाई पर भी पूरा ध्यान दे रहा था। ताकि उसके बुढ़ापे का सहारा बन सके। चन्दू रोज ही पाठशाला जाया करता था और खूब मन लगाकर पढ़ता था। वह चाहता था कि मैं कुछ पढ़-लिखकर समझदार हो जाऊं तो धन कमाकर इस गरीबी को दूर करूं। उसके पिता ने भी उसके ऊपर भविष्य के हज़ारों-लाखों सपने देखे थे।

जब चन्दू पूर्ण जवान हो गया तो एक दिन उसके पिता ने कहा-बेटे! अब तुम बड़े हो गए हो और समझदार भी। घर की हालत, तो तुम जानते ही हो। अतः इस गांव में रहकर क्या करोगे, शहर चले जाओ, वहीं कोई नौकरी करो तभी कुछ चैन मिलेगा।

चन्दू ने अपने माता-पिता की बातें ध्यान से सुनी, क्योंकि चन्दू अब बच्चा नहीं था, वह अपने माता-पिता के सारे दुःख समझता था। इसलिए वह दूसरे दिन ही प्रसन्नचित्त मन से माता-पिता से आशीर्वाद ले शहर की ओर चल पड़ा।

न तो उसके पास रुपये-पैसे थे और न ही अच्छे कपड़े। थोड़ा-सा भूना हुआ चावल एक पोटली में बांध लिया था।

शहर पहुंचते ही उसे अज़ीब-सा महसूस होने लगा। हर तरफ भाग-दौड़,

भीड़-भाड़ को देखकर वह विस्मित हो गया। उसने देखा कि यहां तो किसी को किसी से वास्ता नहीं है। सब अपने-आप से मतलब रखते हैं। कोई किसी को पूछता तक नहीं। यह सब देखकर वह हक्का-बक्का रह गया।

वह सोचने लगा, क्या यही शहरी जीवन है? कैसे यहां के लोग जीते हैं? उसका दिल कहता था कि गांव लौट चलें, किन्तु घर की स्थिति का जब स्मरण होता था तो उसके कदम रुक जाते थे। वह अचम्भित होता कभी आगे बढ़ता, कभी महलों, अटारियों को गौर से निहारने लगता। तभी उसने देखा कि दो व्यक्ति आपस में बातें करते हुए चले जा रहे हैं। उनमें से एक कह रहा था, मित्र! तुम तो राजा के कोषाध्यक्ष हो। अतः हमें यह राज बताओ कि इतना दान करने के बावजूद भी राजा का कोष घटता क्यों नहीं है? इसका क्या रहस्य है?

"इसका रहस्य है....एक मरा हुआ चूहा।"

"मरा हुआ चूहा....इसका क्या मतलब?" अरे यार, सामने एक मरा हुआ चूहा पड़ा है देखते नहीं हो। मेरा कहने का मतलब यह है, चलो, यह मरे हुए चूहे का ही उदाहरण देता हूं। देखो सामने एक मरा हुआ चूहा पड़ा है। है....न?

वो तो है, किन्तु इस मरे चूहे से क्या लेना-देना?

लेना-देना क्यों नहीं? सुनो, यदि कोई बुद्धिमान व्यक्ति अपनी बुद्धि से काम ले, तो इस मृत चूहे से भी करोड़पति बन सकता है।

मरे हुए चूहे से करोड़पति-हा....हा....हा....हा....हा....उसका मित्र जोर-जोर से ठहाका मारकर हंसने लगा, जैसे उसने विचित्र-सी अनहोनी बातें सुन ली हो।

"दोनों मित्र चन्दू के सामने से गुजर गए थे। उसके मस्तिष्क में रह-रहकर राजा को कोषाध्यक्ष के शब्द घूम रहे थे-सुनो, यदि कोई बुद्धिमान व्यक्ति बुद्धि से काम ले, तो इस मृतक चूहे से भी करोड़पति बन सकता है। बात बड़ी विचित्र थी, मगर इसे राजा के कोषाध्यक्ष ने कहा था, इसलिए इसके बारे में सोचना तो अवश्य होगा। इस बात को एक बार जरूर आजमाना चाहिए।"

यही सोचकर चन्दू ने उस मरे हुए चूहे को उठा लिया और उसकी पूंछ

पकड़कर चल पड़ा। साथ-ही-साथ उसे यह भी ख्याल आ रहा था कि कहीं लोग हमें पागल तो नहीं कहेंगे?। आखिर इस मरे हुए चूहे को मैं क्या करूंगा? यह सोचता हुआ वह आगे बढ़ता चला जा रहा था, तभी एक ने कहा—अरे देखो भाई देखो, कोई पागल एक मरा हुआ चूहा ले जा रहा है, इस प्रकार कोई उसे देखकर मुंह बिचका रहा था, कोई हंसता तो कोई उसे दुत्कार रहा था।

परन्तु चन्दू ने किसी की परवाह नहीं की, वह चलता रहा और चलता रहा। उसके सामने तो उसकी घर की समस्या थी।

धीरे-धीरे आगे बढ़ता हुआ चन्दू किसी सेठ के महल के पास पहुंचा। उस सेठ ने एक बिल्ली पाल रखी थी, जिसे गोद में लेकर बाहर टहल रहे थे। जैसे ही बिल्ली ने चन्दू के हाथ में उस मरे चूहे को देखा, वह सेठ की गोद से उछल पड़ी और चन्दू के पास आकर उल्टी-सीधी छलांगें भरने लगी।

तब सेठ जी समझ गए कि यह बिल्ली अब बिना इस चूहे को प्राप्त किए घर वापस नहीं जाएगी। यह सोचते हुए उन्होंने चन्दू से पूछा—अरे लड़के! इस चूहे को बेचोगे?

"हां बेचूंगा साहब जी।"

"क्या कीमत लोगे?"

"जो आप खुशी से दे दें।"

तो ठीक है, यह लो एक रुपया और चूहा मुझे दे दो। सेठ जी ने एक रुपये का सिक्का चन्दू के हाथ में देते हुए कहा।

मरे हुए चूहे का एक रुपया कीमत पाकर चन्दू बहुत प्रसन्न हुआ और फिर आगे बढ़ चला। उसके कानों में फिर बार-बार राजा के कोषाध्यक्ष के शब्द गूंजने लगे। उसे उन शब्दों में सच्चाई दिखाई देने लगी। रुपया पाकर चन्दू में एक नई आशा जागी। उसने सोचा कि इस एक रुपये से कोई धन्धा शुरू करना चाहिए। जब मरे हुए चूहे से एक रुपया मिल सकता है, तो एक रुपये से क्या कुछ नहीं हो सकता। उसने निश्चय किया कि शहर से दूर किसी ऐसे स्थान पर जहां पानी न मिलता हो, लोगों को पानी पिलाना चाहिए। यह सोच उसने कुम्हार के यहां से उसने एक रुपये में एक मटका खरीद

लिया और उसमें पानी भरकर उस स्थान पर चला गया जहां किसान अपने खेतों में काम कर रहे थे। वह वहीं एक पेड़ के नीचे चबूतरे पर जा बैठा।

दोपहर हो गई थी। तेज धूप में खेतों में काम करने वाले प्यासे व्याकुल होने लगे। तब वे सभी वृक्ष की छाया में पहुंचे तो देखा कि एक बालक पानी का घड़ा लेकर वहां बैठा है। प्यास के मारे सभी का बुरा हाल था। वे कहने लगे–बेटे! क्या पानी पिलाओगे?

हां–हां क्यों नहीं। यह मैं आप लोगों के लिए ही तो लाया हूं। चन्दू ने कहा।

उसने एक–एक कर सबको पानी पिलाया। सभी लोग उसे आशीर्वाद देकर उसी वृक्ष की छाया में सुस्ताने लगे। उनमें से कुछ माली भी थे, जो फूल ले जा रहे थे। वे कहने लगे! बेटे! तुमने हमें पानी पिलाया है, इसके बदले में हम तुम्हें क्या दे सकते हैं, मेरे पास तो इन फूलों के सिवा इस समय और कुछ नहीं है, अतः ये लो....कुछ फूल ही अपने पास रख लो। बेटे, कल भी पानी लाना, यह कहते हुए सभी अपने–अपने कार्य में चले गए।

चन्दू जब अकेला रह गया तो उन फूलों की ओर देखकर नई योजना सोचने लगा। मरा हुआ चूहा बिका तो मटका खरीदा। मटके से पानी पिलाकर यह इतने फूल मिले। अब यह फूल मैं शहर में जाकर बेच दूंगा। तभी उसे याद आई कि पास ही तो एक बहुत बड़ा मन्दिर आते हुए देखा था, वो भी हनुमान जी का मन्दिर, साथ ही आज मंगलवार भी है। आज भक्तगण मन्दिर में आएंगे और उन्हें फूलों की भी जरूरत पड़ेगी। यह सोचकर वह प्रसन्न हो गया। फिर उन सभी फूलों को मटके में उठाकर चल पड़ा और मन्दिर के द्वार पे पहुंचकर फूलों को सजा कर बैठ गया।

फिर क्या था शाम का वक्त होता गया और भक्तगणों की भीड़ लगने लगी तथा चन्द ही समय में उसके सारे फूल बिक गए और उसके पास काफी पैसे इकट्ठे हो गए। इस खुशी में उसने हनुमान जी के मन्दिर में जाकर पूजा की। फिर शहर की ओर वापस चल दिया। उसने शहर में आते ही एक दुकान में जाकर खाना खाया। तत्पश्चात् वह सोचने लगा कि अधिक धन कमाने के लिए उसे कल दो मटके और साथ में थोड़ा नाश्ते का सामान भी खरीदना होगा। इससे वह अधिक लोगों को पानी पिलाकर उससे अधिक

फूल लेगा। फिर उन फूलों को लेकर दूसरे मन्दिर में जाकर बेचेगा। तभी रात हो गई और उसने दुकान के बरामदे पर रात गुजारी तथा सुबह होते ही कुछ नाश्ते का सामान खरीदकर साथ ही एक मटका भी साथ लेकर उसी वृक्ष के पास पुनः दोनों मटकों में जल भरकर बैठ गया।

इस प्रकार वह नित्य ही उन प्यासे किसानों को खेतों में जाकर पानी पिलाने लगा। किसान लोग उसकी सेवा से बहुत खुश हो गए। इसके बदले में कोई किसान अपनी फसल में से थोड़ा-सा हिस्सा दे देता, कोई उसे खाना खिलाता तो कोई दूध पिला देता। इस प्रकार समस्त किसानों ने उसे हृदय से प्यार दिया।

कहते हैं, ऊपर वाला जब देता है तो छप्पर फाड़ कर देता है। एक बार जब चन्दू शहर को जा रहा था तो भयानक आंधी आ गई। उस समय वह एक वन से गुजर रहा था। आस-पास के अनेक वृक्ष टूटकर गिरने लगे। तब वह भाग कर उसी वन में एक खण्डहर में जाकर छिप गया। जब कुछ समय में तूफान समाप्त हो गया तो वह खण्डहर से बाहर निकला। बाहर निकलते ही देखा कि गांवों के तरफ से बैलगाड़ियों का झुण्ड शहर की ओर जा रहा है। बैलगाड़ियों के पास आने पर उन्हें बैठे सभी किसान चन्दू के जान-पहचान के निकले।

उसने उन लोगों से कहा—बाबा! मैं इन वृक्षों को शहर ले जाकर बेचना चाहता हूं। बस मेरा इतना-सा काम कर दो। किसानों ने कहा, अरे बेटा, यह कौन-सी बड़ी बात है, हम लोग तो शहर ही जा रहे हैं, और कुल्हाड़ी मेरे पास है। तुम चिन्ता न करो। मैं अभी इन टूटे हुए वृक्षों को टुकड़े-टुकड़े करके बैलगाड़ियों पर लादता हूं।

बस फिर क्या था, सभी किसान कुल्हाड़ी आदि से समस्त टूटे हुए वृक्षों को टुकड़े-टुकड़े कर बैलगाड़ियों पर लाद दिया और उसे शहर तक पहुंचा दिया। शहर में उस लकड़ी को बेचने से चन्दू को एक हज़ार रुपये मिल गए। चन्दू रुपये सम्भाल कर वहां से चल पड़ा। वह कुछ ही दूर गया था कि उसने आपस में दो व्यक्तियों को बातें करते सुना।

एक व्यक्ति कह रहा था—कल यहां एक बहुत बड़ा घोड़ों का व्यापारी आने वाला है। शायद उसके पास पांच सौ से भी अधिक घोड़े होंगे।

पांच सौ घोड़े! अरे इतने घोड़ों को लिए वह व्यापारी इस शहर में घास कहां से लाएगा। यह सुनकर चन्दू का दिमाग ठनका, वह सोचने लगा कि मैं क्यों न अपने किसान भाइयों की मदद से इतने घास इकट्ठे कर लूं। इससे तो हमें बहुत रुपये की प्राप्ति हो जाएगी।

यह सोचकर वह भागा–भागा उस गांव में गया जहां के लोगों को वह नित्य ही नियमानुसार खेतों में जाकर पानी पिलाया करता था। उसे घबराया हुआ देखकर सभी किसान उसके पास एकत्र हो गए और पूछा–बेटे, क्या बात है, इतना घबराए क्यों हो? चन्दू ने कहा–बाबा, हमें कुछ घास का प्रबन्ध कर दो। कल शहर में एक घोड़े का व्यापारी पांच सौ घोड़े लेकर आ रहा है, मैं चाहता हूं कि उन घोड़ों के लिए चारा मैं ही लेकर जाऊं। यदि आपके पास घोड़े का व्यापारी घास लेने आवें तो आप लोग कोई भी उसके पास घास नहीं बेचेंगे। किसानों ने कहा, ठीक है बेटे ऐसा ही होगा।

फिर क्या था, किसानों ने घास काटकर अनेकों बैलगाड़ियों पर लादकर चन्दू के लिए शहर तक पहुंचा दिया। दूसरे दिन जब वह घोड़े का व्यापारी आया तो उसके घोड़ों का पेट भूख से पिचके हुए थे। वह उनके चारे के प्रबन्ध में इधर–उधर घूमने लगा, तभी उसने एक मैदान में घास के गट्ठर पड़े हुए देखे, जहां पास ही चन्दू बैठा था। व्यापारी चन्दू से जाकर बोला–

"क्यों भाई यह चारा बेचोगे?"

क्यों नहीं सेठ जी, हमारा काम ही क्या है?

"कितना मूल्य लोगे?"

आप जो भी उचित समझें, दे दीजिए। चन्दू की मधुर बातों को सुनकर सेठ प्रसन्न हो गया। उसे इस समय पैसों की कम बल्कि घोड़ों की अधिक चिन्ता थी। अतः उसने बिना अधिक मोल–भाव किए एक हज़ार रुपये चन्दू को दे दिए। तत्पश्चात् बैलगाड़ी लाकर उस पर घास लादकर व्यापारी ले गया।

इतने पैसे पाकर चन्दू की खुशी की कोई सीमा न थी। आज उसे फिर राजा को कोषाध्यक्ष के शब्द याद आ रहे थे। रुपये लेकर चन्दू चल पड़ा। उसके पांव जमीन पर नहीं पड़ रहे थे। उसकी खुशी की कोई सीमा न थी। वह वहां से चलकर एक जान–पहचान के हलवाई के दुकान पर पहुंचा।

उसे देखकर हलवाई बोला—बेटे, आज तो बहुत खुश लगते हो, लगता है आज तुम्हें काफी कमाई हुई है। चन्दू ने कहा, हां बाबा! आज मैंने घास बेचकर एक हज़ार रुपये कमाए हैं।

"तुम खूब उन्नति करो बेटे, मुझे पूरा विश्वास है कि तुम एक सफल व्यापारी बनोगे।" एक बात और सुनो, आज के आठवें दिन इसी शहर के नदी के किनारे पर एक मेला लगने वाला है, जिस मेले में विदेश का एक बहुत बड़ा व्यापारी आता है, जिससे शहर के थोक व्यापारी सामान खरीदते हैं। यदि इन व्यापारियों के खरीदने के पहले उसका सभी समान खरीद लिया जाए तो इससे बहुत लाभ हो सकता है।

यह सुनकर चन्दू की व्यापारिक बुद्धि तेज़ी से काम करने लगी। उसने गांवों के कुछ किसानों को जाकर मिला लिया और सुन्दर-सुन्दर कपड़े बनवाकर, मेले वाले दिन उसे पहनकर एक सेठ के वेष में तम्बू लगाकर आकर मेले में बैठ गया। तब तक वह विदेशी व्यापारी भी आ पहुंचा और अपना माल असबाब उतारा। जब व्यापारी निश्चिन्त हो गया तब चन्दू ने अपने साथी किसानों को उसके पास भेजकर उन्हें जलपान के लिए अपने तम्बू में बुलवा लिया।

बस फिर क्या था, जलपान करने वक्त चन्दू ने अपनी मीठी-मीठी बातों से व्यापारी का दिल जीत लिया। वह इतना खुश हो गया कि उसने अपना सारा माल चन्दू को ही बेचने का फैसला कर लिया। चन्दू यही तो चाहता था। वह खुशी से नाच उठा और विदेशी व्यापारी से कहा—सेठ जी मैं आपका सारा माल खरीद लेता हूं। इसके लिए एक हज़ार रुपये (एडवान्स) पेशगी रख लीजिए और शेष सभी रकम थोड़ी देर में चुका दूंगा। व्यापारी ने कहा—ठीक है, सेठ चन्दूराम आपकी जो इच्छा। तब सारा माल चन्दू के आज्ञानुसार किसान अपने तम्बू में ले आए। इतने में ही शहर के बड़े-बड़े व्यापारी इस विदेशी सेठ से माल खरीदने मेले में आ पहुंचे तो पता चला कि विदेशी व्यापारी का सारा माल किसी एक ही सेठ ने खरीद लिया।

यह जानकर समीप के शहर के सभी व्यापारी भौंचक्के रह गए। उन सबों ने विचार किया कि किसी भी तरह से इस व्यापारी से समस्त माल दोगुने मुनाफे देकर खरीद लो अन्यथा हम सभी का धन्धा चौपट हो जाएगा।

यह सोचकर शहर के सारे व्यापारी चन्दू के तम्बू में दाखिल होकर फरियाद करने लगे—कि हे चन्दू सेठ! आप तो बड़े आदमी हैं और हम लोग छोटे-छोटे व्यापारी। आपसे हमारी प्रार्थना है कि जो माल आप इन विदेशी व्यापारी से खरीदे हैं, उसे एक लाख मुनाफा लेकर हम लोगों को दे दें, क्योंकि यह माल न मिलने से हम लोगों का धन्धा चौपट हो जाएगा। कृपा करें सेठ जी, इस विनती को ठुकरावें नहीं।

चन्दू ने कहा—ठीक है भाई, जिससे आप लोगों का धन्धा चौपट नहीं हो वही कार्य करें।

बस फिर क्या था, इतना सुनते ही सभी व्यापारियों ने सारे माल की कीमत और उसका एक लाख मुनाफा बातों-बातों में चुकती कर दिया। तब चन्दू ने विदेशी व्यापारी को माल की कीमत देकर शेष एक लाख रुपये लेकर मेले से अपने साथी किसानों के साथ गांव में आ गया और उस रुपये से वह एक सफल व्यापारी बन गया, जिससे उसने धीरे-धीरे करोड़ों रुपये का उपार्जन कर लिया।

तत्पश्चात् उसने अपने माता-पिता को भी यहां बुलावा लिया और सुख-चैन की जिन्दगी बिताने लगा। किन्तु उसे राजा की कोषाध्यक्ष के शब्द आज भी याद आ रहे थे कि—"सुनो, यदि कोई बुद्धिमान व्यक्ति अपनी बुद्धि से काम ले, तो इस मृत चूहे से भी करोड़पति बन सकता है।"

मैत्री भावना

पूर्व समय में वाराणसी में ब्रह्मदत्त राजा राज्य करता था। उस समय बोधिसत्व उसकी पटरानी की कोख से उत्पन्न हुए। नामकरण के दिन कुमार का नाम शीलव रखा गया। सोलह वर्ष की आयु होते ही वह सब शिल्पों में पारंगत हो गया।

पिता के मरने पर वह राज्य पर प्रतिष्ठित हुआ। गरीबों को दान देता था। उपोसथ–व्रत रखता था। शान्ति, मैत्री तथा दया से युक्त होकर प्रजा को इस प्रकार सन्तुष्ट रखता था। जैसे कोई गोद में बैठे पुत्र को।

एक बार उसके अन्तःपुर में एक अमात्य ने दूषित–कार्य किया। राजा ने उसे बुलवाकर कहा, "हे मूर्ख! तूने अनुचित किया है। अब तू मेरे राज्य में रहने के योग्य नहीं। अपने धन और स्त्री–पुत्र को लेकर दूसरी जगह चला जा।" राजा ने उसे देश–निकाला दे दिया।

वह अमात्य काशी–राष्ट्र सीमा पार कर कौशल–नरेश की सेवा में उपस्थित हुआ। उसके दरबार में रहता हुआ वह कुछ ही दिनों में राजा का आन्तरिक विश्वासपात्र हो गया। एक दिन उसने कौशल–नरेश से कहा–

"देव! वाराणसी का राज्य मक्खी–रहित शहद के छत्ते–जैसा है। राजा अत्यन्त कोमल स्वभाव का है। थोड़ी–सी सेना से वाराणसी राज्य जीता जा सकता है।"

राजा ने उसकी बात सुनकर सोचा, "वाराणसी राज्य महान् है। यह कहता है कि थोड़ी–सी सेना से जीता जा सकता है। कहीं यह चर–पुरुष तो नहीं है?" तब उसने अमात्य को बुलाकर कहा, "मालूम होता है, तू चर–पुरुष है।"

"देव! मैं चर पुरुष नहीं हूं। यदि मेरा विश्वास न हो तो मनुष्यों को

भेजकर काशी–नरेश के राज्य की सीमा पर ग्रामों का नाश कराएं। गांव वाले जब उन आदमियों को पकड़कर राजा के पास ले जाएंगे तो राजा उन्हें धन देकर छोड़ देगा।"

उसकी बात मानकर राजा ने अपने आदमी भेजकर काशी–नरेश के प्रत्यन्ता गांवों का नाश कराया। लोग उन चोरों पकड़कर वाराणसी–राजा के दरबार में ले गए। राजा ने उनसे पूछा, "तात! किसलिए गांव का नाश करते हो?"

"देव! जीविका का कोई उपाय न होने से।"

"तो तुम मेरे पास क्यों नहीं आए? अब आगे से ऐसा मत करना।"

"ऐसा कहकर राजा ने उन्हें धन देकर विदा किया। उन्होंने जाकर कौशल–नरेश से यह समाचार कहा। इतने पर भी कौशल–नरेश को काशी पर आक्रमण करने की हिम्मत नहीं हुई। उसने फिर मध्य–जनपद का नाश करवाया। फिर शहर लुटवाया। काशी–नरेश ने सबको धन देकर उसी प्रकार छोड़ दिया।

तब यह जानकर कि वाराणसी का राज्य अत्यन्त धार्मिक है, कौशल–नरेश काशी–राज्य लेने के लिए सेना लेकर निकला।

उस समय वाराणसी–नरेश शीलव महाराज के पास एक हजार ऐसे अभेद्य–शूरतर–महायोधा थे, जो सामने से मस्त हाथी के आने पर भी पीछे न लौटने वाले थे, सिर पर बिजली गिरने पर भी न डरने वाले थे, शीतल महाराज की इच्छा होने पर सारे जम्बुद्वीप का राज्य जीत सकते थे। उन्होंने कौशल–नरेश पर चढ़ाई की बात सुनकर राजा के पास आकर निवेदन किया, "देव! कौशल–नरेश वाराणसी लेने के इरादे से आ रहा है। हम जाएं और अपने राज्य की सीमा लांघते ही उसे पीटकर पकड़ लाएं।

"तात! मेरे कारण दूसरों को कष्ट न होना चाहिए। जिन्हें राज्य लेना हो, वे ले लें। तुम मत जाओ।"

कौशल–नरेश ने सीमा लांघकर जनपद के बीच में प्रवेश किया। अमात्यों ने फिर भी उसी प्रकार निवेदन किया। राजा ने पहले ही की तरह मना किया। कौशल–नरेश ने नगर के बाहर खड़े होकर शीलव महाराज के पास सन्देश भेजा, "या तो राज्य दे अथवा युद्ध कर।"

राजा ने प्रत्युत्तर भेजा, "मेरे साथ युद्ध करने की आवश्यकता नहीं। राज्य ले लें।"

फिर भी अमात्यों ने राजा के पास आकर कहा, "देव! हम कौशल-नरेश को नगर में प्रविष्ट न होने दें। उसे नगर के बाहर ही पीटकर पकड़ लें।"

राजा ने पहले ही की तरह उन्हें मना किया। वह नगर-द्वारों को खुलवाकर हजार अमात्यों-सहित अपने सिंहासन पर बैठा।

कौशल-नरेश बड़ी सेना-सवारी के साथ वाराणसी में प्रविष्ट हुआ। वहां उसे एक भी विरोधी शत्रु नहीं मिला। उसने राजा के निवास-स्थान के द्वार पर जाकर देखा कि राजा सब दरवाजे खोलकर, सब मन्त्रियों-सहित अपने सिंहासन पर बैठा है। उसने अपने आदमियों को कहा, "जाओ, अमात्यों-सहित इस राजा के पीछे हाथ कसकर बांध कर श्मशान में ले जाओ। इसको बालू में इस प्रकार गाड़ दो कि एक भी हाथ न हिलाया जा सके। रात को शृगाल आकर इसके साथ जो करना होगा सो करेंगे।"

उस चोर-राजा के आदमी अमात्यों-सहित राजा को बांधकर ले गए। उस समय भी शीलव महाराज ने चोर-राजा के प्रति अपने मन में द्वेष-भाव तक नहीं आने दिया। राजा के साथ बंधे जाते हुए अमात्यों में राजा की बात के विरुद्ध जाने वाला एक भी न था। इनती विनीत थी वह राजा की परिषद्!

सो वे राज-पुरुष अमात्यों-सहित शीलव राजा को कच्चे श्मशान में ले गए। गले तक गढ़े खोदकर शीलव महाराज को बीच में और उसके दोनों ओर शेष अमात्यों को गाड़ा। धन से चारों तरफ से बालू कूट-कूटकर चले गए। शीलव महाराज ने अमात्यों को सम्बोधित कर उपदेश दिया, "तात! चोर-राजा के प्रति क्रोध न कर मैत्री भावना ही करो।"

आधी रात को मनुष्य का मांस खाने के लिए शृगाल आए। उन्हें देखकर राजा और अमात्य सबने एक साथ शोर मचाया। शृगाल डर के मारे भाग गए। लेकिन गीदड़ों ने रुककर देखा कि उनका कोई पीछा नहीं कर रहा है। वे फिर लौट आए। उन्होंने फिर वैसा ही शोर मचाया। इस प्रकार तीन बार भागकर भी जब उन्होंने किसी को पीछा करते न देखा तो वीर बनकर लौटे सोचा, ये लोग दण्डित होंगे। इस बार वे उनके बहुत शोर मचाने पर भी नहीं भागे।

सियारों का सरदार राजा के पास पहुंचा और बाकी दूसरों के पास होशियार राजा ने उसे अपने समीप आने दिया।

उसने गर्दन को इस प्रकार ऊपर उठाया जैसे वह गीदड़ को काटने का मौका दे रहा हो। जब सियार गर्दन काटने आया तो उसको ठोड़ी की हड्डी से खींचकर यन्त्र की तरह जोर से पकड़ लिया। हाथी के बल के समान बलशाली राजा ने जब अपनी ठोडी से उसको पकड़ा तो सियार छुड़ा न सका। मरने से भयभीत होकर जोर से चिल्ला उठा। उसकी चिल्लाहट सुनकर बाकी सियार भाग खड़े हुए। सियार-सरदार के इधर-उधर झटके मारने से रेत ढीली हो गई। राजा ने रेत को ढीला हुआ जानकर शृगाल को छोड़ दिया। इधर-उधर हिलाकर दोनों हाथों को बाहर निकाला। फिर हाथों से गढ़े की मुंडेर पर जोर देकर वायु से छिन्न हुए बादल में से चन्द्रमा की तरह वह बाहर निकल आया। रेत हटाकर उसने सब अमात्यों को निकाला। सब अमात्यों-सहित वह कच्चे श्मशान में खड़ा हुआ।

उस समय कुछ मनुष्य एक मृतक मनुष्य को लाकर दो यक्षों की सीमा के बीच छोड़ गए। वे यक्ष उस मृतक मनुष्य को आपस में बांट न सके। उन्होंने सोचा, "इसे हम नहीं बांट सकते। यह सीलव-राजा धार्मिक है। इसके पास चलें। यह हमें ठीक-ठीक बांट कर देगा।" वे इस मृतक मनुष्य को पांव से पकड़कर घसीटते-घसीटते राजा के पास ले जाकर बोले, "देव! इसे हमें बांटकर दें।"

"यक्षो! मैं इसे बांटकर तुम्हें दे तो दूं, लेकिन मैं अपरिशुद्ध हूं। पहले नहाऊंगा।"

"यक्षों ने अपने बल से चोर-राजा के लिए रखा हुआ सुगन्धित जल लाकर राजा को नहाने के लिए दिया। नहा लेने पर चोर-राजा के वस्त्र लाकर दिए। वस्त्र पहन लेने पर चार प्रकार की सुगन्धि की पेटिका लाकर दी। सुगन्धि का लेप कर लेने पर सोने की पेटिका में, मणि-निर्मित पंखी में रखे हुए नाना प्रकार के फूल लाकर दिए। उन्होंने पूछा, "महाराज! अब क्या करें?" राजा ने कहा, "भूख लगी है।" उन्होंने जाकर चोर-राजा के लिए सम्पादित नाना प्रकार के अग्ररस भोजन लाकर दिए। नहाकर सुगन्धि से अनुलिप्त, अलंकृत, प्रसन्नचित्त राजा ने नाना प्रकार के भोजन खाए। यक्ष,

चोर-राजा के लिए रखा हुआ सुगन्धित जल, सोने की सुराही और सोने के कसोर ले आए। फिर राजा के पानी पीकर कुल्ला कर हाथ-मुंह धो लेने पर उन्होंने चोर-राजा के लिए तैयार किया गया पांच प्रकार की सुगन्धियों से सुगन्धित पान लाकर दिया। उसको खा चुकने पर पूछा, "अब क्या करें?" "जाकर, चोर-राजा के सिरहाने रखी मांगलिक-खड्ग लाओ।" वह भी जाकर ले आए। राजा ने तलवार लेकर, उस मृत मनुष्य को सीधा खड़ा करवाकर, माथे के बीच में तलवार में प्रहार किया। दो टुकड़े करके दोनों यक्षों को बराबर-बराबर बांट दिया। राजा तलवार धोकर खड़ा हुआ। उन यक्षों ने मनुष्य-मांस खाकर प्रसन्न हो राजा से पूछा, "महाराज! हम आपके लिए क्या करें?"

"तुम अपने प्रताप से मुझे तो चोर-राजा के शयनागार में उतार दो और इन अमात्यों को इनके घर पहुंचा दो।" उन्होंने 'अच्छा देव' कहकर वैसा ही किया।

उस समय चोर-राजा अपने शयनागार में शय्या पर पड़ा सो रहा था। राजा ने उसे सोते हुए प्रमादी के पेट में तलवार की नोक चुभोई। वह डर के मारे अपनी शय्या से हड़बड़ाकर उठा। दीपक के प्रकाश में सीलव महाराज को पहचानकर होश सम्भालकर राजा से पूछा, "महाराज! पहरे से युक्त, बन्द दरवाजे वाले भवन में, रात्रि के समय, पहरेदारों की आज्ञा के बिना, इस प्रकार तलवार बांधे, तुम इस शयनागार में कैसे आए?" राजा ने अपने आने का वृत्तान्त विस्तार से कहा। तब चोर-राजा ने पुलकित-चित्त होकर कहा, "महाराज! मैं मनुष्य होकर भी आपके गुणों को नहीं जानता और यह दूसरों का मांस खाने वाले, अति कठोर यक्ष आपके गुण जानते हैं। हे नरेन्द्र! मैं अब से आप-ऐसे शीलवान के प्रति द्वेष न रखूंगा।" ऐसा कहकर उसने तलवार लेकर शपथ ली। राजा से क्षमा मांगकर उसे शय्या पर सुलाया। आप छोटी चारपाई पर लेटा।

सबेरा होते ही चोर-राजा ने शहर में मुनादी फिरवाकर सब सैनिकों तथा अमात्य, ब्राह्मण, गृहपतियों को एकत्रित करवाया। उनके सम्मुख आकाश के पूर्ण चन्द्र को उठाकर दिखाने की तरह सीलव-राजा के गुणों को कहा। फिर सभा के बीच राजा से क्षमा मांगी। राज्य उसे सौंपकर कहा, "अब से आपके

राज्य में चोरों की गड़बड़ी की देख–भाल करने का भार मुझ पर रहा। मैं पहरेदारी करूंगा। आप राज्य करें।"

चोर–राजा उस चुगलखोर अमात्य को दण्ड देकर अपनी सेना सवरी–सहित अपने देश चला गया।

पुरुष सिंह

पूर्व समय में वाराणसी में राजा ब्रह्मदत्त राज्य करता था। उस समय बोधिसत्व उसकी पटरानी की कोख से पैदा हुए।

कुमार के नामकरण के दिन एक सौ आठ ब्राह्मणों की सब कामनाएं पूरी कर उनसे कुमार के लक्षणों के बारे में पूछा गया। चिह्न देखने में दक्ष ब्राह्मणों ने उसकी चिह्न सम्पत्ति को देखकर कहा, "महाराज! कुमार पुण्यवान है। तुम्हारे बाद राज्य प्राप्त करेगा। पांच शस्त्रों के चलाने में प्रसिद्ध होकर जम्बु–द्वीप में अग्रपुरुष होगा।"

ब्राह्मणों की बात सुनकर कुमार का नाम रखने वालों ने उसका नाम पंचायुध कुमार रखा। उसके होश सम्भालने पर जब वह सोलह वर्ष का हो गया तो राजा ने बुलाकर कहा, "तात! शिल्प सीख।"

"देव! किसके पास?"

"तात! जा, गान्धार–देश के तक्षशिला नगर में लोक–प्रसिद्ध आचार्य के पास जाकर सीख। यह उस आचार्य को फीस देना"–कहकर उसने हजार मुद्रा दी।

कुमार ने वहां जाकर विद्या सीखी। आचार्य के दिए हुए पांच शस्त्र लेकर, आचार्य को प्रणाम किया। तक्षशिला नगर से निकलकर, पंच हथियार–बन्द हो वाराणसी का रास्ता लिया। मार्ग में श्लेषलोम यक्ष से अधिकृत एक जंगल के द्वार पर पहुंचा। इस जंगल में मत प्रविष्ट हो। इस जंगल में श्लेषलोम नामक एक यक्ष है। वह जिस किसी मनुष्य को देखता है, उसे मार डालता है।"

बोधिसत्व अपने बल को तौलते हुए, निर्भीक केशरसिंह की तरह जंगल में घुस ही गया। उसके जंगल में प्रवेश करने पर उसे यक्ष ने देखा।

वह ताड़ जितना ऊंचा था। घर जितना बड़ा सिर, बरतनों जितनी बड़ी-बड़ी आंखें और कन्दल की कली जितने बड़े दांत बना, श्वेत-मुख, चितकबरे पेट तथा नीचे हाथ-पांव वाला होकर अपने-आपको बोधिसत्व को दिखाकर उसने कहा, "कहां जाता है? ठहर, तू मेरा आहार है।"

"यक्ष! मैंने अपनी सामर्थ्य का अन्दाजा लगाकर यहां प्रवेश किया है। तू सम्भलकर मेरे पास आ। मैं तुझे विष से बुझे तीर से बींधकर यहीं गिरा दूंगा।" इस प्रकार धमकाकर उसने हलाहल विष से बुझा तीर चढ़ाकर छोड़ा। वह जाकर यक्ष के रोमों में ही चिपक गया। इसके बाद दूसरा....इस प्रकार पचास तीर छोड़े। सब उसके रोमों में ही, चिपक रहे। यक्ष उन सभी तीरों को तोड़-मरोड़कर अपने पैरों के नीचे गिरा बोधिसत्व के समीप आया।

बोधिसत्व ने फिर भी उसे डराकर खड्ग निकालकर प्रहार किया। तैंतीस अंगुल लम्बी तलवार उसके रोमों में चिपक रही। तब बरछी से प्रहार किया। वह भी रोमों में ही चिपक रही। तब मुद्गर से प्रहार किया। वह भी रोमों में चिपक रहा। तब कुमार बोला, "हे यक्ष! क्या तूने मुझ पंचायुधकुमार का नाम पहले नहीं सुना? मैंने तेरे अधिकृत जंगल में प्रवेश करते हुए, धनुष आदि का भरोसा नहीं किया। मैंने अपना ही भरोसा कर प्रवेश किया है। आज मैं तुझे मारकर चूण-विचूर्ण करूंगा।" यह निश्चय प्रकट कर, उंचा शब्द करते हुए, दाहिने हाथ से यक्ष पर प्रहार किया। हाथ रोमों में चिपक गया। बाएं हाथ से प्रहार किया, वह भी चिपक गया। दाएं पैर से प्रहार किया। वह भी चिपक गया। बाएं पैर से प्रहार किया, वह भी चिपक गया। 'सिर से टक्कर मारकर उसे चूर्ण-विचूर्ण करूंगा' सोचकर सिर से प्रहार किया। सिर भी रोमों में चिपक गया।

पांच जगह चिपका हुआ, पांच जगह बंधा हुआ, लटकता हुआ भी वह निर्भय ही रहा। यक्ष ने सोचा, "यह पुरुष-सिंह है, साधारण आदमी नहीं। मेरे सदृश नाम वाले यक्ष के पकड़ने पर भी डरता तक नहीं। मैंने इस मार्ग पर हत्या करते हुए इससे पहले एक भी ऐसा आदमी नहीं देखा। यह क्यों नहीं डरता?"

सो उसने, उसे खाने की इच्छा छोड़कर पूछा, "माणवक! तू मरने से किसलिए नहीं डरता?"

"यक्ष! मैं क्यों डरूंगा? एक जन्म में एक बार मरना तो निश्चित है ही। इसलिए पुरुष-कर्म को मैं क्यों छोड़ूं?"

यक्ष उस पर प्रसन्न हुआ। उसने उसे छोड़ते समय कहा, "माणवक! तू पुरुष-सिंह है। मैं तेरा मांस नहीं खाऊंगा। आज तू राहु-मुख से मुक्त चन्द्रमा की तरह मेरे हाथ से छूटकर, जाति-सुहृद-मण्डल को प्रसन्न करता हुआ जा।"

असात-मन्त्र

पूर्व समय में वाराणसी में राजा ब्रह्मदत्त राज्य करता था। उस समय बोधिसत्व ने गान्धार देश में तक्षशिला नगर में ब्राह्मण-कुल में जन्म ग्रहण किया। बालिग होने पर तीनों वेदों तथा सब शिल्पों में सम्पूर्णता प्राप्त कर लोक-प्रसिद्ध आचार्य हुआ।

उसी समय वाराणसी में एक ब्राह्मण-कुल में पुत्र-उत्पत्ति के दिन निरन्तर प्रज्वलित रहने वाली आग रखी गई। जब ब्राह्मण-कुमार 16 वर्ष का हुआ तब उसके माता-पिता ने कहा, "पुत्र! हमने तेरे जन्म के दिन आग जलाकर रख दी थी। यदि ब्रह्म-लोक जाने की इच्छा है तो उस आग को लेकर जंगल में जा। अग्नि-देवता को नमस्कार करता हुआ ब्रह्मलोक-परायण हो। यदि गृहस्थ होना चाहता है तो तक्षशिला जाकर वहां लोक-प्रसिद्ध आचार्य के पास शिल्प सीख। घर आकर कुटुम्ब का पालन-पोषण कर।"

माणवक ने आगा-पीछा सोचा, "मैं जंगल में प्रविष्ट होकर अग्नि की परिचर्या न कर सकूंगा, मैं कुटुम्ब ही पालूंगा।" माता-पिता को नमस्कार कर, आचार्य को देने के लिए एक हजार साथ ले वह तक्षशिला गया।

कुमार तक्षशीला से शिल्प सीखकर घर वापस लौटा। लेकिन उसके माता-पिता उसका गृहस्थ होना नहीं चाहते थे। वे चाहते थे कि वह वन में जाकर अग्नि-देवता की परिचर्या करे। उसकी माता ने उसे स्त्रियों के दोष दिखाकर जंगल में भेजने की इच्छा से सोचा, "वह आचार्य पण्डित है, व्यक्त है। वह मेरे पुत्र को स्त्रियों के दोष बता सकेगा।" उसने पूछा, "तात! तूने शिल्प सीखा?"

"अम्मा! हां।"

"असात-मन्त्र भी तूने सीखे?"

"अम्मा नहीं सीखे।"

"तात! यदि तूने असात-मन्त्र नहीं सीखे तो क्या सीखा? जा सीख कर आ।"

वह 'अच्छा' वह फिर तक्षशिला की ओर चल दिया।

उस आचार्य की एक सौ बीस वर्ष की बूढ़ी माता थी। वह उसे अपने हाथ से नहलाता, खिलाता-पिलाता, उसकी सेवा करता था। उसने एक एकान्त जंगल में पानी मिलने की जगह पर पर्णशाला बनवाई। वहां घी, चावल आदि मंगवाकर अपनी माता की सेवा करता हुआ रहने लगा।

जब वह माणवक तक्षशिला में पहुंचा तो वहां आचार्य को न देखा। उसने पूछा, "आचार्य कहां हैं?" उस समाचार को सुनकर वह जंगल में गया और आचार्य को प्रणाम कर खड़ा हुआ। आचार्य ने पूछा, "तात! किसलिए लौट आया?"

"आपने जो मुझे असात-मन्त्र नहीं सिखाया।"

"तुझे किसने कहा कि असात-मन्त्र सीखना चाहिए?"

"आचार्य! मेरी माता ने।"

बोधिसत्व ने सोचा, "आसात-मन्त्र तो कोई मन्त्र नहीं है। शायद इसकी माता इसे स्त्रियों के दोषों का विदित करा देना चाहती होगी।"

"अच्छा तात! तुझे असात-मन्त्र सिखाऊंगा। आज से तू मेरे स्थान पर मेरी माता को नहलाना, खिलाना-पिलाना, उसकी सेवा करना। हाथ, पैर, सिर और पीठ दबाते हुए कहना, "आर्ये! बूढ़ी होने पर भी तेरा शरीर ऐसा है, तो जवानी में कैसा रहा होगा?" शरीर दबाने के समय हाथ-पैर आदि की प्रशंसा करना और जो कुछ तुझे मेरी माता कहे, बिना लज्जा के, बिना छिपाए, वह मुझ से कहना। ऐसा करने से असात-मन्त्रों की प्राप्ति होगी, न करने से नहीं होगी।"

अच्छा आचार्य!" कहकर उस दिन से वह जैसा-जैसा आचार्य ने कहा था, वैसा-वैसा करने लगा।

उस माणवक के बार-बार प्रशंसा करने पर उस अन्धी, जरा-जीर्ण के मन में 'काम' उत्पन्न हो गया, "यह माणवक मेरे साथ रमण करना चाहता

होगा!" उसने एक दिन माणवक से पूछा, "मेरे साथ रमण करना चाहता है?"

"आर्ये! मैं रमण करने की इच्छ तो करूं लेकिन आचार्य का भय है।"

"यदि मुझे चाहता है तो मेरे पुत्र को मार डाल।"

"मैंने आचार्य के पास इतना शिल्प सीखा, कैसे मैं केवल कामासक्ति के कारण उनको मारूंगा?"

"अच्छा तो यदि तू मेरा परित्याग न करे तो मैं ही उसे मार दूंगी।"

माणवक ने बोधिसत्व को यह सब बात कह दी। "माणवक! तूने अच्छा किया जो मुझे बता दिया। आ, उसकी परीक्षा करेंगे।" यह कह उसने गूलर का वृक्ष छीलकर, अपने जितना बड़ा काठ का एक पुतला बनाया। उसे सिर–सहित ढककर, अपने सोने की जगह पर लम्बा लिटा दिया। रस्सी बांधकर अपने शिष्य को कहा, "तात! कुल्हाड़ा ले जाकर मेरी माता को इशारा कर।"

माणवक ने जाकर कहा, "आर्ये! आचार्य पर्णशाला में अपनी शय्या पर सोए हैं। मैंने रस्सी की निशानी बांध दी है। यदि सामर्थ्य हो तो इस कुल्हाड़े को ले जाकर मार।"

"तू मुझे छोड़ेगा नहीं न?"

"किसलिए छोड़ूंगा?"

वह कुल्हाड़े लेकर कांपती हुई उठी। रस्सी के साथ–साथ जाकर हाथ से छूकर जान लिया, यह मेरा पुत्र है। काठ के पुतले के मुंह पर से कपड़ा हटाकर कुल्हाड़े को लेकर एक जोरदार प्रहार किया। 'टन' का शब्द हुआ। वह जान गई कि यह लकड़ी है?

बोधिसत्व ने पूछा, "क्या करती है मां?" 'मैं ठगी गई' जानकर वह वहीं गिरकर मर गई। बोधिसत्व ने उसका शरीर–कृत्य कर, आग बुझा, वन–पुष्पों से पूजा की। फिर वह माणवक–सहित पर्णशाला के द्वार पर बैठा। "तात! तूने असात–मन्त्र सीख लिया?"

"हां आचार्य! मैंने सीख लिया। स्त्रियां असाध्वी होती हैं, पापिनी होती हैं।"

वह आचार्य को प्रणाम कर माता–पिता के पास आया। उसकी माता

ने उससे पूछा, "तात! असात-मन्त्र सीखा?"

"अम्मा! हां।"

"तो अब क्या करेगा? प्रव्रजित होगा या अग्नि-परिचर्या करेगा या गृहस्थ रहेगा?"

"माता! मैंने प्रत्यक्षत: स्त्रियों के दोष देख लिए। मुझे अब गृहस्थ बनने की इच्छा नहीं। मैं प्रव्रजित होऊंगा।"

तृषित ब्राह्मण

पूर्व समय में वाराणसी में राजा ब्रह्मदत्त राज्य करता था। उस समय बोधिसत्व काशी राष्ट्र के एक महाधनी ब्राह्मण के कुल में उत्पन्न हुए।

आयु प्राप्त होने पर कुमार सब शिल्पों में पारंगत हो गया। लेकिन उसका मन गृहस्थी में न लगा। काम-सुख को छोड़ वह ऋषि-प्रव्रज्या के अनुसार प्रव्रजित हो योगाभ्यास करने लगा।

योगाभ्यास के द्वारा अभिज्ञा तथा समापत्ति-फल को प्राप्त किया। इस प्रकार ध्यान-सुख में रमण करता हुआ वह हिमवन्त प्रदेश में रहने लगा।

एक समय नमक-खटाई खाने के लिए हिमवन्त से उतरकर वह वाराणसी आया। वाराणसी पहुंचकर राजोद्यान में ठहरा। अगले दिन शारीरिक कृत्य समाप्त करके लाल रंग के वल्कल के वस्त्र पहने। एक कन्धे पर अजिन-चर्म रखा। जटामण्डल बांधा। झोली-बहंगी लेकर वाराणसी में भिक्षा मांगने निकला। राजा के गृह-द्वार पर पहुंचा तो राजा उसकी चर्या-विहार देखकर प्रसन्न हुआ। उसे बुलाकर महामूल्यवान आसन पर बिठाया। प्रणीत खाद्य-भोज्य खिलवाकर सन्तुष्ट किया। तपस्वी से राजा ने अपने उद्यान में रहने की प्रार्थना की।

तपस्वी ने प्रार्थना स्वीकार की। राजा के घर का भोजन खाकर, राज-कुल को उपदेश देते हुए वह वहां रहने लगा। एक दिन राजा, उपद्रवी सीमान्त-देश को शान्त करने के लिए जा रहा था। उसने अपनी मृदुलक्षणा नामक अग्रमहिषी को सहेजते हुए कहा, "आर्य की सेवा प्रमाद-रहित होकर करना।"

एक दिन मृदुलक्षणा बोधिसत्व के लिए भोजन तैयार कर प्रतीक्षा करने लगी। उसके आने में देरी जानकर उसने सुगन्धित जल से स्नान किया। सब

अलंकारों से अलंकृत होकर महातल पर छोटी-सी शय्या बिछवाकर वह बोधिसत्व के आगमन की प्रतीक्षा करती हुई लेट रही।

बोधिसत्व 'ध्यान' से उठकर भोजन का समय जानकर राजा के घर पहुंचे। मृदुलक्षणा वल्कल-चीर का शब्द सुनकर हड़बड़ाकर उठी। शीघ्रता से उठने के कारण उसका बारीक वस्त्र खिसक गया। उसे देख बोधिसत्व के मन में विकार पैदा हो गया। उसका दिल ऐसा हो गया जैसे दूध वाले वृक्ष को बसूले से छील दिया गया हो। उसी समय उसका ध्यान लोप हो गया। उसकी दशा बिना पर के कौवे की-सी हो गई। उसने खड़े-ही-खड़े भिक्षा-पात्र ग्रहण किया। बिना खाए ही पर्णशाला में लौट आया। आहार को शयनासन के नीचे रखकर राग-अग्नि से जलता हुआ लेट रहा। इस प्रकार बिछौने पर पड़े-ही-पड़े बिता दिए।

सातवें दिन राजा सीमान्त को शान्त कर लौट आया। नगर की प्रदक्षिण कर बिना घर गए ही पहले तपस्वी को देखने की गरज से पर्णशाला में प्रवेश किया। उसे लेटा देखकर राजा ने सोचा कोई रोग हो गया होगा। इसलिए उसने पर्णशाला की सफाई कराकर उसके पैर दबाते हुए पूछा, "आर्य! क्या तकलीफ है?"

"महाराज! मुझे कोई और रोग नहीं है। केवल चित्त के विकार के कारण आसक्त हो गया हूं।"

"आर्य! चित्त किस पर आसक्त हो गया है?"

"महाराज! मृदुलक्षणा पर।"

"तो आर्य! मैं आपको मृदुलक्षणा देता हूं।"

राजा तपस्वी को घर ले गया। देवी को सब अलंकारों से अलंकृत कर तपस्वी को दान दे दिया। देते समय राजा से मृदुलक्षणा ने कहा, "तुझे अपने बल से साधु की रक्षा करनी चाहिए।"

"अच्छा देव!" देवी ने उत्तर दिया।

देवी को लेकर तपस्वी राज-भवन से उतरा। उसने महाद्वार से निकलते ही कहा, "आर्य! हमें एक घर लेना चाहिए। जाइए राजा से घर मांगिए।" तपस्वी ने जाकर घर मांगा। राजा ने एक ऐसा खाली पड़ा घर दिलवाया जिसमें लोग आकर मल-मूत्र का त्याग जाया करते थे। वह देवी को लेकर

वहां गया। देवी ने उसमें प्रविष्ट होने की अनिच्छा प्रकट की।

"क्यों नहीं प्रवेश करती?"

"स्थान गन्दा जो है?"

"अब क्या करूं?"

"इसे साफ करो। राजा के पास जाकर कुदाली लाओ, टोकरी लाओ।"

देवी ने उससे अशुचि और कूड़ा फिंकवाकर, गोबर मंगवाकर लिपवाया। तदनन्तर कहा, "जाकर चारपाई लाओ, दीपक लाओ, बिछौना लाओ, चाटी लाओ, घड़ा लाओ। घड़ा भरकर पानी लाओ।" तपस्वी ने सारा सामान लाकर रखा, बिछौना बिछाया। बिछौने पर इकट्ठे बैठते समय देवी ने तपस्वी की दाढ़ी पकड़कर कहा, "बाबा जी! तुम्हें कुछ होश भी है?"

तब उसे अक्ल आई। इतनी देर तक चित्त-विकार के कारण वह अज्ञानी ही रहा। अब उसने सोचा, "यह तृष्णा अधिक होने पर, मुझे चारों-नरकों में से सिर न उठाने देगी। इस मृदुलक्षणा को आज ही राजा को सौंपकर हिमवन्त में प्रवेश करना चाहिए।"

उसने देवी को ले जाकर राजा से कहा, "महाराज! मुझे तेरी देवी से मतलब नहीं। मैं हिमवन्त जा रहा हूं।"

नाम-सिद्धि

पूर्व समय में तक्षशिला में बोधिसत्व एक अत्यन्त विख्यात आचार्य हुए। वे पांच सौ शिष्यों को मन्त्र पढ़ाते थे। उनके एक शिष्य का नाम था 'पापक'। लोग उसे 'पापक' कहकर पुकारते थे, "पापक! आ। पापक! जा" आदि।

उसने सोचा, "दुनिया में 'पापक' का नाम बहुत खराब है, मनहूस है। मैं दूसरा अच्छा नाम रखवाऊं।" यह सोचकर वह आचार्य के पास गया और बोला, "आचार्य मेरा नाम अमांगलिक है। मुझे दूसरा नाम दें।"

आचार्य ने उत्तर दिया, "तात! नाम बुलाने भर को है। नाम से कोई अर्थ-सिद्धि नहीं होती। जो तेरा नाम है, उसी से सन्तुष्ट रह।"

आचार्य के बार-बार समझाने पर भी उसने नाम बदलने का ही आग्रह किया। तब आचार्य ने कहा, "तात! जा, देश में घूमकर जो तुझे अच्छा लगे, ऐसा एक मांगलिक नाम ढूंढकर ला। आने पर तेरा नाम बदल दूंगा।"

'अच्छा' कह वह रास्ते के लिए खुराकी लेकर आश्रम से निकल पड़ा। एक गांव से दूसरे गांव घूमता हुआ वह एक नगर में पहुंचा। वहां 'जीवक' नाम का एक आदमी मर गया था। उसके रिश्तेदार उसे जलाने के लिए ले जा रहे थे। 'पापक' ने देखकर पूछा, "इसका क्या नाम था?"

"इसका नाम 'जीवक' था"-किसी एक आदमी ने उत्तर दिया।

"क्या जीवक भी मरता है?"

"जीवक भी मरता है, अजीवक भी। नाम पुकारने भर को होता है। मालूम होता है, तू मूर्ख है।"

यह बात सुनकर 'पापक' नाम के प्रति कुछ उदासीन हो गया। वह और आगे बढ़ा। वहां एक दासी को उसके मालिक के दरवाजे पर बिठाकर रस्सी से पीट रहे थे। वह काम करके मजदूरी (पूर्व समय में लोग दासियों को

रखकर उनसे मजदूरी करवाते थे) नहीं ला सक रही थी। उस दासी का नाम था 'धनपाली'। पापक ने गली में से गुजरते हुए उसे पिटते देखकर पूछा, "इसे क्यों पीट रहे हैं?"

"यह मजदूरी नहीं ला दे सक रही है।"

"इसका नाम क्या है?"

"इसका नाम है धनपाली।"

नाम से धनपाली है, तो भी मजदूरी मात्र भी नहीं ला दे सक रही है।"

"धनपाली भी दरिद्र होती है, अधनपाली भी। नाम बुलाने भर को होता है। मालूम होता है, तू मूर्ख है।"

वह नाम के प्रति कुछ उदासीन होकर नगर से निकला। रास्ते में उसने एक आदमी को देखा, जो रास्ता भटक गया था। वह रो रहा था। उसने उससे पूछा, "तुम क्यों रो रहे हो?"

"मैं रास्ता भूल गया हूं।"

"तुम्हारा नाम क्या है?"

"पन्थक।"

"पन्थक भी रास्ता भूलते हैं?"

"पन्थक भी भूलते हैं, अपन्थक भी भूलते हैं। नाम पुकारने भर के लिए है। मालूम होता है, तू मूर्ख है।"

वह नाम के प्रति बिल्कुल उदासीन होकर बोधिसत्व के पास गया। बोधिसत्व ने पूछा, "क्यों तात! अपनी रुचि का नाम ढूंढ़ लाए?"

"आचार्य! जीवक भी मरते हैं, अजीवक भी। धनपाली भी दरिद्र होती है, अधनपाली भी। पन्थक भी रास्ता भूलते हैं, अपन्थक भी। नाम बुलाने भर को होता है। नाम से सिद्धि नहीं होती; कर्म से ही सिद्धि होती है। मुझे दूसरे नाम की जरूरत नहीं है। मेरा जो नाम है, वही रहे।"

मूर्ख विद्यार्थी

पूर्व समय में वाराणसी में राजा ब्रह्मदत्त राज्य करता था। उस समय बोधिसत्व एक महाऐश्वर्यशाली ब्राह्मण कुल में पैदा हुए। सयाने होने पर तक्षशिला जाकर सब विद्याएं सीखीं। लौटकर वाराणसी में प्रसिद्ध आचार्य हुए।

वह आचार्य वाराणसी में पांच सौ शिष्यों को शिल्प सिखाता था। उन शिष्यों में एक जड़-मूर्ख शिष्य था। वह आचार्य-दक्षिणा देने में असमर्थ था, इसलिए आचार्य की सेवा करता हुआ विद्या सीखता था। अपनी जड़ता के कारण वह कुछ न सीख सकता था, लेकिन था आचार्य की बहुत सेवा करने वाला। 'दास' की तरह सब काम करता था।

एक दिन बोधिसत्व शाम का भोजन करके लेटे थे। वह विद्यार्थी हाथ, पैर, पीठ दबाकर जा रहा था। बोधिसत्व ने कहा, "तात! चारपाई के पावों को सहारा देकर जा।" विद्यार्थी को एक पाए का सहारा मिला; दूसरे का न मिला। सारी रात बिता दी। बोधिसत्व ने प्रातःकाल उठकर उसे देखा। पूछा, "तात! क्यों बैठा है?"

"आचार्य! चारपाई के पाए का सहारा न मिला, इसलिए जांघ में करके बैठा हूं।"

बोधिसत्व का दिल भर आया। वे सोचने लगे, "यह मेरी बहुत सेवा करता है। लेकिन इतने विद्यार्थियों में यही मन्द-मति है, शिल्प नहीं सीख सकता। मैं इसे कैसे पण्डित बनाऊं?" तब उन्हें एक उपाय सूझा, "मैं इस विद्यार्थी को लकड़ियां और पत्ते लेने को भेजूंगा। आने पर पूछूंगा—आज तूने क्या देखा? क्या-क्या किया? तब यह मुझे बताएगा कि आज यह देखा, यह किया। तब मैं इससे पूछूंगा कि जो कुछ तूने आज देखा, किया वह कैसा है? वह मुझे उपमा देकर बातों से समझायगा—ऐसा है, ऐसा नहीं है। इस प्रकार

इससे नई-नई उपमाएं बातें कहलवाकर मैं इसे पण्डित बना दूंगा।"

तब उन्होंने उसे बुलाकर कहा, "तात माणवक! अब से तू जहां लकड़ी या पत्ते लेने जाए, वहां जो देखे, जो सुने, जो खाए-पिए, वह मुझ से आकर कहा कर।" उसने 'अच्छा' कहकर स्वीकार किया।

एक दिन वह विद्यार्थियों के साथ लकड़ी लेने जंगल गया। वहां उसने सांप देखा। आकर आचार्य से कहा, "आचार्य! मैंने सांप देखा।"

तात! सांप कैसा होता है?–"हल की फाल की तरह।"

"तात! बहुत अच्छा। तूने सुन्दर उपमा दी। सांप हल की फाल की ही तरह होते हैं।"

बोधिसत्व ने सोचा, "विद्यार्थी को अच्छी उपमा सूझी है। मैं इसे पण्डित बना सकूंगा।" विद्यार्थी ने फिर एक दिन जंगल में हाथी देखकर कहा, "आचार्य! मैंने हाथी देखा।"

तात! हाथी कैसा होता है?–"हल की फाल की तरह।"

बोधिसत्व सोचने लगे, "हाथी की सूंड़ तो हल के फाल की तरह होती है; लेकिन उसके दांत आदि तो ऐसे-ऐसे होते हैं। मालूम होता है यह अपनी मूर्खता के कारण पृथक-पृथक करके वर्णन नहीं कर सकता।" वे चुप रहे।

एक दिन विद्यार्थी को ऊख मिली। उसने कहा, "आचार्य! आज ऊख चूसी।" ऊख कैसी होती है?–"हल की फाल की तरह।"

'थोड़ी सीधी बात कहता है', सोच आचार्य चुप रहे। फिर एक दिन निमन्त्रण में दही के साथ गुड़ खाया, कुछ ने दूध के साथ। उसने आचार्य से कहा, "आचार्य हमने दही-दूध के साथ गुड़ खाया।"

दही-दूध कैसा होता है?–"हल की फाल की तरह।"

आचार्य ने सोचा, "इस विद्यार्थी ने सांप की हल की फाल से उपमा दी, सो तो ठीक रहा। हाथी को हल की फाल से उपमा दी, वह भी सूंड़ का ख्याल करके कहा होगा, इसलिए कुछ ठीक रहा। ऊख को हल की फाल के सदृश कहा, उसमें भी खैर कुछ ठीक है। लेकिन दूध-दही तो सफेद होते हैं; जैसा बर्तन होता है वैसा ही उनका आकार हो जाता है। यहां तो उपमा सर्वथा गलत है। इस मूर्ख को मैं कुछ न सिखा सकूंगा।

आचार्य ने खर्चा देकर उसे विदा किया।

पाखण्डी श्रृगाल

पूर्व समय में वाराणसी में राजा ब्रह्मदत्त राज्य करता था। उस समय बोधिसत्व ने चूहे का जन्म ग्रहण किया था। बड़े होने पर वह बढ़कर सूअर के बच्चे की तरह हो गए। अनेक सौ चूहों के साथ जंगल में रहने लगे।

इधर-उधर घूमते हुए एक श्रृगाल ने उस चूहों के समूह को देखकर सोचा, "इन चूहों को ठगकर खाऊंगा।" यह सोचकर वह सूर्य की तरफ मुंह करके चूहों के बिल से थोड़ी ही दूर पर एक ही पांव पर खड़ा हो रहा। मुंह ऐसे खोल लिया जैसे हवा पी रहा हो।

इधर-उधर भोजन के लिए घूमते हुए बोधिसत्व ने सोचा—यह सदाचारी होगा। इसलिए उसके पास जाकर पूछा—

"भन्ते! आपका नाम क्या है?"

"मेरा नाम धार्मिक।"

"चारों पैर पृथ्वी पर न रख, एक ही पैर से क्यों खड़े हैं?"

"मेरे चारों पैर पृथ्वी पर रखने के लिए दूभर होगा; इसलिए एक ही पैर से खड़ा हूं।"

"मुंह खोले क्यों खड़े हैं?"

"हम हवा के अतिरिक्त और कुछ नहीं खाते।"

"सूर्य की ओर मुंह करके क्यों खड़े हैं?"

"सूर्य को नमस्कार कर रहा हूं।"

बोधिसत्व ने सोचा, यह पक्का सदाचारी है। इसके बाद से वह चूहों के समूह के साथ प्रातः-सायं उसकी सेवा में जाने लगा।

जब वे चूहे उसकी सेवा करके लौटते तो वह श्रृगाल सबसे पिछले चूहे को पकड़कर खा जाता और मुंह पोंछकर खड़ा हो जाता। इस प्रकार क्रम से

खाते-खाते चूहों का दल कमजोर पड़ गया। चूहे सोचने लगे कि पहले हमें यह बिल पर्याप्त नहीं होता था, सट-सटकर खड़े होते थे। अब खुलकर खड़े होते हैं, तब भी बिल नहीं भरता। क्या मामला है?

यह सोचते हुए बोधिसत्व ने श्रृगाल पर शक किया। उन्होंने इसकी जांच करनी चाही। इसलिए जब चूहे श्रृगाल की सेवा से लौटने लगे तो बोधिसत्व सब चूहों को आगे कर स्वयं पीछे रहे। श्रृगाल उस पर उछला। अपने को पकड़ने के लिए श्रृगाल को उछलता देखकर बोधिसत्व ने कहा, "भो! श्रृगाल! तेरा यह व्रत धार्मिक नहीं है। तू दूसरों की हिंसा करने के लिए ही धर्म को आगे करके रहता है।"

इस प्रकार कहते हुए चूहों का राजा उछलकर उसकी गर्दन पर चढ़ बैठा। ठोड़ी के नीचे की नाली पकड़कर फाड़ डाली। शेष चूहों ने भी रुककर मदद की। श्रृगाल मर गया। सबने उसे मुर-मुर करके खा डाला। उसके बाद से चूहों का दल निर्भय हो गया।

मित्र-धर्म

पूर्वकाल में मगध देश के राजगृह नगर में एक राजा राज्य करता था। बोधिसत्व उस समय उस नगर के ही एक सेठ थे। उनके पास अस्सी करोड़ धन था। नाम था संघ सेठ। उसी समय वाराणसी में भी एक पीलिय नामक सेठ था। उसके पास भी अस्सी करोड़ धन था। वे दोनों परस्पर मित्र थे।

एक बार वाराणसी के पीलिय सेठ पर किसी कारण संकट आ पड़ा। तमाम जायदाद नष्ट हो गई। वह दरिद्र हो गया। तब वह वाराणसी से निकलकर पैदल ही अपनी स्त्री के साथ राजगृह में संघ सेठ के घर गया।

उसने उसे देखते ही पहचान लिया—मेरा मित्र आया है। गले मिलकर आदर-सत्कार किया। फिर कुछ दिन बीत जाने पर पूछा, "मित्र! कैसे आए?"

"सौम्य! मुझ पर कष्ट आ पड़ा। मेरा सब धन नष्ट हो गया। मुझे सहारा दें।"

"अच्छा मित्र! डरें नहीं" कहकर उसने खजाना खुलवाकर चालीस करोड़ 'हिरण्य' दिलवाया। उसके साथ अपने पास जो कुछ भी वस्त्र आदि तथा जानदार और बेजान वस्तु थी, सभी बांटकर आधी-आधी दी। वह उस धन को लेकर वाराणसी लौट आया।

आगे चलकर संघ सेठ पर भी वैसा ही संकट आ पडा। उसने अपने लिए सहारा ढूंढ़ते हुए सोचा, "मैंने अपने मित्र का बहुत उपकार किया। आधी जायदाद दे दी। वह मुझे देखकर त्यागेगा नहीं। मैं उसके पास चलूं।"

वह अपनी स्त्री के साथ पैदल ही वाराणसी के लिए निकल पड़ा। नगर में पहुंचकर अपनी भार्या से कहा, "भद्रे! तेरे लिए यह अच्छा नहीं है कि तू मेरे साथ गली-गली भटके। मैं जाकर सवारी भेजूंगा। तू पीछे बड़े ठाट से

उस पर आना।"

उसे एक शाला में बिठा स्वयं नगर में दाखिल हुआ। सेठ के घर पहुंचकर सूचना भिजवाई कि राजगृह से तुम्हारा मित्र आया है। सेठ बोला, "आ जाय।" उसे देखकर न वह आसन से उठा, न स्वागत ही किया; केवल इतना ही पूछा, "क्यों आया है?"

"तुम्हें देखने आया हूं।"

"निवास-स्थान कहां ठीक किया है?"

"अभी कहीं ठीक नहीं हुआ है। सेठानी को शाला में बिठाकर आया हूं।"

"यहां तुम्हारे ठहरने को जगह नहीं। सीधा लेकर किसी जगह पका-खाकर चले जाओ।" इतना कहकर अपने एक दास को आज्ञा दी कि मित्र के पल्ले में एक तूंबा भर भूसा बांध दो।

उसी दिन उसने एक हजार गाड़ी लाल चावल छटवाकर कोठे भरे थे। चालीस करोड़ धन लेकर आए अकृतज्ञ महासेठ ने मित्र को केवल एक तूंबा भर भूसा दिलवाया! दास एक टोकरी में तूंबाभर भूसा डालकर बोधिसत्व के पास गया।

बोधिसत्व ने सोचा, "यह असत्पुरुष मेरे पास से चालीस करोड़ धन पाकर तूंबा भर भूसा दे रहा है! इसे लूं अथवा न लूं? उसे विचार हुआ-यह तो अकृतज्ञ है, मित्र-द्रोही है; कृत-उपकार को भूलकर इसने मेरे साथ मैत्री-सम्बन्ध तोड़ डाला है। यदि मैं इसका दिया तूंबा भर भूसा बुरा होने के कारण नहीं ग्रहण करता हूं तो मैं भी मैत्री सम्बन्ध तोड़ने वाला होता हूं। इसलिए मैं इसके दिए तूंबे भर भूसे को ग्रहण कर अपनी ओर से मैत्री-भाव की प्रतिष्ठा करूंगा।"

उसने तूंबे भर भूसे को अपने पल्ले में बांध लिया और महल से उतर शाला को गया।

स्त्री ने पूछा, "आर्य, तुम्हें क्या मिला?"

"भद्रे! हमारे मित्र पीलिय सेठ ने हमें तूंबा भर भूसा देकर आज ही विदा कर दिया है।"

उसने रोना आरम्भ किया, "आर्य? इसे लिया ही क्यों? क्या चालीस

करोड़ धन का बदला यही है?"

बोधिसत्व ने कहा, "भद्रे! रो मत। मैंने अपनी ओर से मैत्री सम्बन्ध न टूटने देने के लिए, बल्कि बनाए रखने के लिए ही ग्रहण किया है। तू क्यों सोच करती है?"

ऐसा कहने पर भी यह सेठानी रोती ही रही। उसी समय संघ सेठ द्वारा पीलिय सेठ को दिया गया एक दास शाला के दरवाजे के पास से गुजर रहा था। उसने सेठानी के रोने की आवाज सुनी। अन्दर जाकर जब उसने देखा कि उसके स्वामी हैं तो पैरों पर गिर पड़ा और रोने-चिल्लाने लगा। उसने पूछा, "स्वामी यहां कैसे आए?"

सेठ ने सब हाल कह दिया। दास बोला, "स्वामी! देखें, चिन्ता न करें।" इस प्रकार दोनों को दिलासा दे अपने घर ले गया। वहां सुगन्धित जल से नहलाया, खिलाया। फिर अन्य सब दासों को खबर कर दी कि स्वामी आये हैं। कुछ दिन बिताकर सभी दासों को साथ लेकर वह राजा के यहां पहुंचा और शोर किया।

राजा ने बुलाकर पूछा, "यह क्या है?"

उन्होंने वह सब हाल राजा से कह दिया। राजा ने उनकी बात सुनकर दोनों सेठों को बुलाया। संघ सेठ से पूछा, "महासेठ! क्या तूने सचमुच पीलिय सेठ को चालीस करोड़ धन दिया?"

"महाराज! मेरी आशा लगा जब मेरा मित्र मेरे पास राजगृह आया तो मैंने उसे न केवल चालीस करोड़ धन ही दिया, बल्कि जितना भी मेरे पास धन था, चाहे जानदार, चाहे बे-जान; सभी के दो बराबर हिस्से करके एक हिस्सा दिया।"

राजा ने पीलिय सेठ से पूछा, "क्या यह सच है?"

"देव! ठीक है।"

"तेरी आशा लगाकर तेरे पास आने पर तूने भी इसका कोई सत्कार-सम्मान किया?"

वह चुप रहा।

"तूने तुंबा भर भूसा इसके पल्ले में डलवाकर दिया?"

इसे भी सुनकर वह चुप ही रहा।

राजा ने मन्त्रियों से सलाह की कि क्या करना चाहिए? सबने पीलिय सेठ की निन्दा की। राजा ने आज्ञा दी, "जाओ, पीलिय सेठ के घर में जितना धन है, वह सब संघ सेठ को दे दो।"

बोधिसत्व ने कहा, "महाराज! मुझे पराया धन नहीं चाहिए। जितना धन मैंने दिया है, उतना ही दिलवा दो।"

राजा ने बोधिसत्व का धन दिलवा दिया।

बोधिसत्व ने अपना सारा धन लेकर दास–समूह–सहित राजगृह जाकर अपना कुटुम्ब बसाया।

चुहिया और बिल्ली

पूर्व समय में वाराणसी में राजा ब्रह्मदत्त राज्य करता था। उस समय बोधिसत्व एक पत्थर-कट के कुल में पैदा हुए। बड़े होने पर वह अपने शिल्प में पारंगत हो गए।

काशी देश के एक कस्बे में एक बड़ा धनवान सेठ था। उसका गड़ा हुआ खजाना ही चालीस करोड़ सोना था।

उसकी स्त्री मरी तो धन के स्नेह से चुहिया होकर पैदा हुई। वह उस खजाने पर रहने लगी। उसका वह कुल नष्ट हो गया। वंश उजड़ गया। वह गांव भी ध्वस्त हो नाम-शेष रह गया।

उन दिनों बोधिसत्व जहां पहले गांव था, उसी जगह के पत्थर उखाड़कर उन्हें तराशते थे। उस चुहिया ने अपने आस-पास बोधिसत्व को आते-जाते देखा तो उसके मन में स्नेह पैदा हो गया। उसने सोचा, "मेरा बहुत-सा धन निष्प्रयोजन नष्ट हुआ जाता है। मैं और यह पुरुष इकट्ठे मिलकर इस धन को खाएंगे।" एक दिन वह मुंह में कार्षापण पकड़े हुए बोधिसत्व के पास पहुंची। बोधिसत्व ने प्रिय-वाणी का प्रयोग करते हुए पूछा–

"अम्म! कार्षापण लेकर क्यों आई है?"

"तात! इसे लेकर स्वयं भी खाएं और मेरे लिए भी मांस लाएं।"

बोधिसत्व ने 'अच्छा' कह स्वीकार किया। कार्षापण लेकर घर गए। उसमें से एक मास लाकर उसे दिया। उसने ले जाकर अपने निवासस्थान पर जी भर खाया।

उसके बाद से वह इसी तरह प्रतिदिन बोधिसत्व को कार्षापण लाकर देती। वह भी इससे मांस ला देता।

एक दिन उस चुहिया को एक बिल्ले ने पकड़ा। वह बोली, "स्वामी!

मुझे न मारें।"

"क्यों? मुझे भूख लगी है! मैं मांस खाना चाहता हूं। मैं बिना मारे नहीं रह सकता।"

"क्या एक दिन केवल एक ही बार मांस खाना चाहते हैं, अथवा नित्यप्रति?"

"मिले तो नित्यप्रति खाना चाहूंगा।"

"यदि ऐसा है तो मुझे छोड़ दें, मैं नित्यप्रति मांस दिया करूंगी।"

"अच्छा तो ध्यान रखना" कहकर बिल्ले ने उसे छोड़ दिया।

उसके बाद से उसके लिए जो मांस आता, उसके वह दो हिस्से करती। एक बिल्ले को देती, एक स्वयं खाती। मगर फिर भी उसे जान का खतरा बराबर लगा रहता। आहार की कमी और बिल्ले के भय के कारण कान्त तथा कृष हो गई। उसका मांस और रक्त सूख गया। पत्थर-कट ने उसे देखकर पूछा, "अम्म! म्लान क्यों पड़ गई हैं?"

"इस कारण से....।"

"इतनी देर तक मुझे क्यों नहीं बताया। मैं जानता हूं, इसका क्या उपाय करना चाहिए।"

उसे इस प्रकार दिलासा देकर शुद्ध स्फटिक की एक गुफा बनाकर पत्थर-कट ने कहा, "अम्म! तू इस गुफा में प्रवेश कर। तेरे पास जो कोई आए, उसे कठोर वचन से डांट।"

चुहिया गुफा में पड़कर लेट रही। बिल्ले ने आकर कहा, "मेरा मांस दे।"

चुहिया बोली, "अरे दुष्ट बिलार! क्या तेरी नौकर हूं कि मांस लाकर दूं? अपने पुत्रों का मांस खा।"

बिल्ला नहीं जानता था कि चुहिया स्फटिक-गुहा के अन्दर है। उसने क्रोध से सहसा आक्रमण किया कि चुहिया को पकड़ूंगा। उसका हृदय स्फटिक-गुहा से टकराया और उसी समय चूर-चूर हो गया। आंखें निकल आईं। वह वहीं गिरकर मर गया।

उसके बाद चुहिया निर्भय हो गई। वह बोधिसत्व को प्रतिदिन दो-तीन कार्षापण देती। इस प्रकार उसने सारा धन बोधिसत्व को ही दे दिया। वे दोनों मित्र-भाव से रह यथा-कर्म परलोक सिधारे।

लालच का फल

पूर्व समय में वाराणसी में राजा ब्रह्मदत्त राज्य करता था। उस समय बोधिसत्व एक वृक्ष-देवता होकर पैदा हुए।

उसी समय एक गांव में कुछ मछुए रहते थे। एक मछुआ जाल लेकर अपने छोटे पुत्र के साथ तालाब में मछली पकड़ने गया। उसने पानी में जाल फेंका। जाल पानी से छिपे एक ठूंठ में जा फंसा। मछुए ने जब देखा कि वह निकलता नहीं है तो सोचा, "कोई बड़ी मछली फंसी होगी। क्यों न मैं लड़के को उसकी मां के पास भेजकर पड़ोसी से झगड़ा करा दूं। तब इसमें से कोई हिस्सा पाने की आशा न करेगा।" उसने पुत्र से कहा, "तात! जा, मां से कह कि हमें बड़ी मछली मिली है और यह भी कह कि वह पड़ोसी से झगड़ा कर ले।"

पुत्र को घर भेजने के बाद स्वयं जाल खींचने लगा। वह नहीं खींच सका। रस्सी टूटने के भय से उसने अपने ऊपर के कपड़े उतारकर जमीन पर रखे और पानी में उतरा। मछली के लोभ में, मछली को ढूंढ़ते हुए, वह ठूंठ से टकरा गया। उसकी दोनों आंखें फूट गईं। जमीन पर रखे कपड़े चोर ले गए।

वह पीड़ा से पागल हो, हाथ से आंखों को दबाए, पानी से बाहर निकला। कांपते हाथों कपड़े खोजने लगा।

इधर उसकी भार्या ने सोचा कि मैं झगड़ा करके ऐसा कर दूं कि कोई कुछ पाने की आशा न रखे। उसने एक कान में ताड़ का पत्ता पहना, एक आंख में हाड़ी का काजल लगाया और गोद में कुत्ता लेकर पड़ोसी के घर गई। उसकी एक पड़ोसन बोली, "तूने एक ही कान में ताड़ का पत्ता डाला है, एक ही आंख में कज्जल लगाया है और गोद में कुत्ता लेकर घर-घर ऐसे

घूम रही है जैसे यह तेरा प्यारा पुत्र हो। क्या तू पगली हो गई है?"

"मैं पगली नहीं हूं। तू मुझे व्यर्थ ही गाली देती है, मजाक करती है। अब मैं मुखिया के पास जाकर तुझ पर आठ कार्षापण जुर्माना करवाऊंगी।"

इस प्रकार परस्पर झगड़कर दोनों मुखिया के पास गईं। मुखिया ने दोषी का पता लगाया। परिणामस्वरूप वही दण्डित हुई।

लोग उसे बांधकर पीटने लगे—जुर्माना दे।

वृक्ष देवता ने गांव में उसका यह हाल और जंगल में उसके पति की विपत्ति देखकर टहनी पर खड़े होकर कहा, "भो पुरुष! जल में ही तेरा काम बिगड़ा, स्थल पर भी। तू दोनों ओर से भ्रष्ट हुआ। यही अधिक तृष्णा के ही कारण।"

श्वेत हाथी

पूर्व समय में वाराणसी में राजा ब्रह्मदत्त राज्य करता था। उसी समय की यह कथा है। वाराणसी के समीप ही बढ़इयों का ग्राम था। उसमें पांच सौ बढ़ई रहते थे।

वह नौका में बैठकर नदी–स्रोत के ऊपर की तरफ जाते। वहां जंगल में पहुंचकर लकड़ी काटते। उस लकड़ी से एक तल्ला, दो मकान बनाते। बन जाने पर उन मकानों को नावों पर लादकर नगर में ले जाते। मकान बेच, पैसा ले, नगर से सामान खरीद पुनः जंगल को वापस लौट जाते।

इस प्रकार अपनी–जीविका चलाते हुए वे लोग पड़ाव डालकर जंगल में पड़े हुए थे। एक दिन एक हाथी लंगड़ाता हुआ उनके पड़ाव के पास आया। उसके पैर में एक खूंटा चुभ गया था। बड़ी पीड़ा हो रही थी। पैर सूज गया था। उसमें से पीब बहने लगी थी।

हाथी ने लकड़ी काटने का शब्द सुनकर सोचा कि यहां बढ़ई रहते होंगे, उनसे मेरा कल्याण होगा। ऐसा समझकर तीन पैरों से चलकर उनके पास पहुंचा और नजदीक ही पड़ रहा।

बढ़ई उसका सूजा हुआ पैर देखकर पास गए। उन्हें उसमें खूंटा दिखाई दिया। तेज कुल्हाड़े से खूंटे के चारों ओर गहरा निशान कर, उसमें रस्सी बांधकर खींचा। खूंटा निकालकर पीब निचोड़ी। गरम पानी से धोया। अनुकूल दवा करने से थोड़े ही समय में घाव ठीक हो गया।

नीरोग होकर हाथी ने सोचा–इन बढ़इयों ने मेरी जान बचाई। मुझे इनकी सेवा करनी चाहिए। उस दिन से वह बढ़इयों के साथ वृक्ष लाने लगा। छीलने के समय उन्हें उलट–पुलटकर सामने करता, कुल्हाड़ी आदि औजार ले आता। सूंड़ में लपेटकर काले धागे के सिरे को पकड़ लेता। बढ़ई भी

भोजन के समय इसे एक-एक पिण्ड देते तो पांच सौ पिण्ड हो जाते।

उस हाथी का एक बच्चा था। वह एकदम श्वेत वर्ण का था और था मंगल हाथी। हाथी ने सोचा, मैं बूढ़ा हो गया। अब मुझे इन बढ़इयों को काम करने के लिए अपने लड़के को देकर स्वयं जाना चाहिए। वह बढ़इयों को बिना सूचित किए ही जंगल में गया। वहां लड़के को लाकर बढ़इयों से बोला, "यह मेरा लड़का है। तुमने मुझे जीवन-दान दिया है। मैं उस सेवा के बदले इसे देता हूं। अब से यह तुम्हारी सहायता किया करेगा।" इतना कहकर पुत्र को आदेश दिया, "पुत्र! जो कुछ मेरा काम है, उस काम को अब से तू करना।" उसे बढइयों को सौंप हाथी ने स्वयं जंगल में प्रवेश किया।

उस समय से वह हाथी-बच्चा बढ़इयों के कहने के अनुसार सब काम करने लगा। वे भी पांच सौ पिण्ड देकर पोसते। काम समाप्त कर नदी में उतरकर वह खेलता। बढ़इयों के बच्चे भी उसकी सूंड पकड़कर जल और स्थल में सभी जगह उससे खेलते। श्रेष्ठ हाथी हों, घोड़े हों, अथवा मनुष्य हों, कोई भी पानी में मलमूत्र नहीं त्यागते। वह भी पानी में मलमूत्र न करके बाहर, नदी के किनारे पर ही करता था।

एक दिन नदी में ऊपरी हिस्से पर वर्षा हुई। हाथी की आधी सूखी लेंडी पानी में बहकर नदी के रास्ते, वाराणसी नगर के पत्तव पर एक झाड़ी में जा अटकी।

राजा ने हाथीवान पांच सौ हाथियों को नहलाने गए। श्रेष्ठ हाथी की लेंडी की गन्ध सूंघकर, एक भी हाथी ने पानी में उतरने की हिम्मत न की। सभी पूछें उठाकर भागने लगे। तब हाथी-सेवकों ने हाथीवानों को खबर दी। उन्होंने सोचा, पानी में कुछ खतरा होगा। खोज करने पर जब उन्होंने झाड़ी में श्रेष्ठ हाथी की लेंडी देखी तो समझ गए कि यही कारण रहा है। उन्होंने चाटी मंगवाई और उसे पानी से भरकर उसमें लेंडी को घोलकर हाथियों के शरीर पर छिड़कवा दिया। जब शरीर सुगन्धित हो गए तब वे हाथी नदी में उतरकर नहाए।

हाथीवानों ने राजा को यह समाचार सुनाकर सलाह दी, "देव! वह खोजवाकर मंगवाया जाना चाहिए।" राजा नौकाओं के बेड़े से नदी में उतरकर ऊपर जाने वाले बेड़े से बढ़इयों के निवास-स्थान पर पहुंचा। वह

हाथी–बच्चा नदी में खेल रहा था। जब उसने भेरी शब्द सुना तो जाकर बढ़इयों के पास खड़ा हो गया। बढ़इयों ने राजा की अगवानी करते हुए कहा, "देव! यदि लकड़ी की आवश्यकता थी तो कष्ट क्यों किया? क्या भेजकर मंगवाना उचित न होता?"

"अरे! मैं लकड़ी के लिए नहीं आया, मैं तो हाथी के लिए आया हूं।"

"देव! पकड़वाकर ले जाएं।"

हाथी–बच्चे ने जाना नहीं चाहा।

"अरे, हाथी क्या करता है?"

"देव! जिससे बढ़इयों का पोषण हो, वह लाता है।"

राजा ने 'अच्छा भाई' कहा और हाथी की सूंड के पास, पूंछ के पास और चारों पैरों के पास एक–एक लाख कार्षापण रखवाए। इतने पर भी हाथी नहीं गया। सब बढ़इयों को दुशाले, उनकी स्त्रियों को पहनने के वस्त्र तथा साथ खेलने वाले बच्चों के पालन–पोषण का प्रबन्ध होने पर, बढ़इयों को पीछे न आने दे, स्त्रियों और बच्चों को देखता हुआ वह राजा के साथ चला गया। राजा उसे लेकर नगर पहुंचा। नगर और हस्तिशाला को अलंकृत करवाया। हाथी को नगर की प्रदक्षिणा करवा हस्तिशाला में ले जाया गया। सभी तरह के गहने पहनाकर, अभिषेक कर उसे राजा की सवारी बनाया। फिर उसे अपना मित्र घोषित कर राजा ने आधा राज्य हाथी को दे दिया। राजा ने उसे अपना बराबर दर्जा दिया।

हाथी के आने के समय से सारे जम्बूद्वीप का राज्य राजा के हाथ में आया जैसा ही हो गया।

कुछ दिनों बाद बोधिसत्व ने उस राजा की पटरानी की कोख में प्रवेश किया। उसके गर्भ के पूरा होते–होते राजा मर गया। लोगों ने सोचा, यदि हाथी को राजा के मरने का पता चलेगा तो उसका हृदय फट जाएगा। इसलिए हाथी से राजा के मरने की बात गुप्त रखकर वे उसकी सेवा करते रहे। ठीक पड़ोस के कौशल राजा ने जब सुना कि वाराणसी नरेश मर गए तो उसने राज्य को खाली देख, बड़ी सेना ला, नगर घेर लिया। नगर–निवासियों ने नगर के दरवाजे बन्द कर कौशल राजा के पास सन्देश भेजा–

"हमारे राजा की पटरानी गर्भवती हैं। अंगविद्या के जानने वाले का

कहना है कि अब से सातवें दिन पुत्र होगा। यदि वह पुत्र को जन्म देगी तो हम आज से सातवें दिन राज्य न देकर युद्ध करेंगे। इतने दिन प्रतीक्षा करें।"

राजा ने 'अच्छा' कह स्वीकार किया।

देवी ने सातवें दिन पुत्र को जन्म दिया। लोगों ने कहा, "यह हमारे उदास चित्त की उदासी दूर करता हुआ पैदा हुआ है। इसलिए उसका नाम अलीनचित्त कुमार रखा गया।"

उसके पैदा होने के ही दिन से नगर-निवासी कौशल नरेश के साथ युद्ध करने लगे। युद्ध का नेता न होने से बड़ी सेना भी युद्ध करती हुई थोड़ी-थोड़ी पीछे हटने लगी।

अमात्यों ने रानी से वह समाचार कह, पूछा–

"आर्ये! इस प्रकार सेना के पीछे हटने से हमें डर लगता है कि हम हार न जाएं। राजा का मित्र मंगल हाथी, न राजा के मरने की बात जानता है, न पुत्र उत्पन्न होने की, और कौशल नरेश के युद्ध करने की, हम इसे यह सब कह दें।"

उसने 'अच्छा' कह स्वीकार किया। पुत्र को अलंकृत कर कोमल वस्त्र की गद्दी पर लिटा, अमात्यों के साथ हस्ति-शाला में गई।

बोधिसत्व को हाथी के पैरों पर रख वह बोली–

"स्वामी! तुम्हारा मित्र तो मर गया। उसने तुम्हारे हृदय के फट जाने के डर से तुमसे नहीं कहा। यह तुम्हारे मित्र का पुत्र है। कौशल-राज नगर को घेरे युद्ध कर रहा है। सेना पीछे हट रही है। या तो तू अपने पुत्र को स्वयं ही मार डाल अथवा राज्य जीत कर इसे दे।"

उसी समय हाथी ने बोधिसत्व को उठाकर सिर पर रखा। रोया-पीटा। बोधिसत्व को देवी के हाथ में लिटाया और कौशल नरेश को पकड़ने के लिए हस्तिशाला से निकल पड़ा।

हाथी ने नगर से निकल क्रोंचनाद किया। लोगों को डराकर भगा दिया। सेना की पांत को तोड़ कौशल-राजा को बालों से पकड़, लाकर बोधिसत्व के पैरों में डाल दिया।

उस समय से सारे जम्बूद्वीप का राज्य एक प्रकार से बोधिसत्व के ही हाथ में आ गया।

बड़ा कौन

पूर्व समय में वाराणसी में राजा ब्रह्मदत्त राज्य करता था। बोधिसत्व ने उसकी पटरानी की कोख में जन्म लिया। नामकरण के दिन उसका नाम ब्रह्मदत्त कुमार ही रखा गया।

क्रम से बढ़ते हुए सोलह वर्ष की आयु में वह तक्षशिला शिल्प सीखने गया। सब शिल्पों में निष्णात हो घर लौटा। पिता के मरने पर राजा बन, धर्म तथा न्याय से राज्य करने लगा। राग आदि के वशीभूत न होकर वह मुकदमों का फैसला करता। उसे धर्म से राज्य करते देख अमात्य भी धर्म से ही मुकदमों का फैसला करते। मुकदमों का धर्म से फैसला होने के कारण झूठे मुकदमें करने नहीं रहे। उनके न होने में राजांगण में मुकदमें करने वालों का शोर नहीं होता था। अमात्य सारा दिन न्यायालय में बैठे रहकर भी जब किसी को मुकदमा पेश करते न देखते तो उठकर चले जाते। न्यायालय खाली पड़ गए।

बोधिसत्व सोचने लगे–मेरे धर्मानुसार राज्य करने के कारण मुकदमा करने वाले नहीं आते। शोर नहीं होता। न्यायालय खाली पड़ गए। अब मुझे अपने दुर्गुणों की खोज करनी चाहिए। जब मुझे पता लग जाएगा कि मेरे दुर्गुण ये हैं तो उन्हें छोड़कर गुणवान बनकर ही रहूंगा।

उसके बाद से वह खोजने लगा कि कोई मेरे दोष कहने वाला है? उन्हें महल के अन्दर कोई ऐसा नहीं मिला जो उसके दोष कहता। जो मिला, प्रशंसा करने वाला ही मिला। यह मेरे से मेरी प्रशंसा ही करते होंगे, सोच महल के बाहर रहने वालों की परीक्षा की। वहां भी कोई न मिला। नगर के अन्दर खोज की। नगर के बाहर चारों दरवाजों पर स्थित गांवों में खोजा। वहां भी कोई दोष कहने वाला न मिला। प्रशंसा ही सुनने को मिली। तब बोधिसत्व

ने जनपद में खोजने का निर्णय किया।

अमात्यों को राज्य संभाल, वह रथ पर चढ़ा। केवल सारथी को साथ ले भेष बदलकर नगर के बाहर निकला। जनपद में खोजते हुए वह राज्य की सीमा तक चला गया। जब वहां भी उसे कोई दोष दिखाने वाला नहीं मिला, प्रशंसा ही सुनाने वाले मिले तो प्रत्यन्त देश की सीमा पर आकर महामार्ग से नगर की ओर लौटा।

उसी समय मल्लिक नाम को कौशल–नरेश भी धर्म से राज्य करता हुआ अपने दोष ढूंढ़ने निकला था। जब उसे महल के अन्दर, नगर के अन्दर, नगर के बाहर कोई भी दोष कहने वाला नहीं मिला, प्रशंसा ही करने वाले मिले तो वह जनपद में खोजता हुआ उसी स्थान पर पहुंचा। वे दोनों संकरे रास्ते पर आमने–सामने हुए। रथ को गुजरने के लिए जगह न थी।

"मल्लिक राजा के सारथी ने वाराणसी राजा के सारथी से कहा–अपने रथ को लौटा ले।"

वाराणसी राजा के सारथी ने कहा–तू अपने रथ को लौटा ले। मेरे रथ में वाराणसी राज्य के स्वामी महाराज ब्रह्मदत्त बैठे हैं।"

दूसरे ने भी कहा, "इस रथ में कौशल–राज्य के स्वामी मल्लिक महाराज बैठे हैं। तू अपने रथ को मोड़कर हमारे राज्य के रथ का जगह दे।"

वाराणसी राजा का सारथी सोचने लगा, "यह भी राजा है। अब क्या करना चाहिए। उसे एक उपाय सूझा कि राजा की आयु पूछकर जो आयु में छोटा होगा, उसका रथ लौटवाकर, जो बड़ा होगा उसके रथ के लिए जगह करवाऊंगा। ऐसा निश्चय कर दूसरे सारथी से कौशल राजा की आयु पूछी। मिलान करने पर दोनों राजा समान आयु वाले निकले। तब राज्य–विस्तार, सेना, धन, यश, जाति, गोत्र, कुल–भेद आदि के बारे में पूछा। दोनों तीन सौ योजन राज्य के स्वामी निकले। दोनों की सेना, धन, यश, जाति, गोत्र तथा कुल–भेद सब एक सदृश था। तब सोचा जो अधिक शीलवान होगा उसे जगह दी जाएगी। उसने पूछा, "सारथि! तुम्हारे राजा का सदाचार कैसा है?"

उसने अपने राजा के गुणों को बताते हुए कहा–

"मल्लिक कठोर के साथ कठोरता का व्यवहार करता है, कोमल के साथ कोमलता का। भले आदमी को भलाई से जीतता है, बुरे को बुराई से।

सारथि! यह राजा ऐसा है। तू मार्ग छोड़ दे।"

तब वाराणसी राजा के सारथी ने पूछा, "भो! क्या तुमने अपने राजा के गुण कह लिए?"

"हां।"

"यदि यही गुण हैं तो अवगुण कैसे होते हैं?"

"अच्छा यह अवगुण ही सही। तुम्हारे राजा में कौन से गुण हैं?"

"अच्छा तो सुनो–"

क्रोधी को अक्रोध से जीतता है। बुरे को भलाई से। कंजूस को दान से। झूठे को सत्य से। यह राजा ऐसा है. इसलिए सारथी तू मार्ग छोड़ दे।"

ऐसा कहने पर मल्लिक राजा तथा उसके सारथी ने उतरकर, घोड़ों को खोला, रथ को हटाया और वाराणसी के राजा को मार्ग दिया।

उपकारी गिद्ध

पूर्व समय में वाराणसी में राजा ब्रह्मदत्त राज्य करता था। उस समय बोधिसत्व गृह–पर्वत पर गृध्र होकर पैदा हुए थे। बड़े होने पर माता–पिता का पालन–पोषण करने लगे।

एक बार बड़ा आंधी–पानी आया। गिद्ध आंधी–पानी न सह सकने के कारण शीत से डरकर वाराणसी में एक चहारदीवारी के पास, खाई के निकट सर्दी से कांपते हुए बैठे। वाराणसी–सेठ नगर से निकलकर नहाने जा रहा था। उसने उन गिद्धों को कष्ट में देखकर एक ऐसी जगह पहुंचवा दिया जहां वर्षा नहीं हो रही थी। वहां आग जलवाई। मुर्दा–गो फेंकने के स्थान से गो–मांस मंगवाकर उन्हें दिलवाया। उनकी रक्षा का प्रबन्ध किया।

आंधी–पानी के बन्द होने पर गिद्ध स्वस्थ शरीर हो पर्वत को ही लौट गए। उन्होंने वहां इकट्ठे होकर इस प्रकार मन्त्रणा की, "वाराणसी–सेठ ने हमारा उपकार किया। उपकार करने वाले का प्रत्युपकार करना चाहिए। इसलिए अब से तुम में से जिस किसी को जो वस्त्र व आभरण मिले, उसे चाहिए कि वह वाराणसी–सेठ के घर में खुले आंगन में गिरा दे।"

उस समय से गिद्ध, आदमियों के धूप में सूखने के लिए डाले हुए वस्त्र उठाकर ले जाते और वाराणसी–सेठ के खुले आंगन में गिरा देते। सेठ को जब यह मालूम हुआ कि यह वस्त्राभूषण गिद्ध ला–लाकर डालते हैं, तो उसने उन्हें एक ओर रखवाया।

राजा के पास खबर पहुंची कि गिद्ध नगर को उजाड़ रहे हैं। उसने हुक्म दिया कि किसी एक गिद्ध को पकड़ लाओ। सब माल मंगवा लूंगा। राजा ने जहां–तहां जाल और पाश फैलवाए। माता–पिता का पोषण करने वाला गिद्ध जाल में फंस गया। उसे पकड़कर राजा के पास ले चले।

वाराणसी–सेठ ने राजा की सेवा में जाते समय मनुष्यों को गिद्ध पकड़कर ले जाते देखा। यह विचारकर कि ये लोग उस गिद्ध को कष्ट न दें, वह उनके साथ हो लिया। गिद्ध को राजा के पास ले गए। राजा ने पूछा–

"तुम नगर पर डाका डालकर वस्त्र आदि ले जाते हो?"

"महाराज! हां।"

"वह किसे देते हो?"

"वाराणसी–सेठ को।"

"क्यों?"

"हमें उसने जीवन–दान दिया था। उपकार करने वाले का प्रत्युपकार करना चाहिए, इसलिए।"

राजा ने पूछा कि गिद्ध तो सौ योजन की दूरी से लाश को देख लेते हैं, तूने अपने लिए फैलाए फंदे को क्यों नहीं देखा?"

गिद्ध ने जवाब दिया–

"जब विनाश का समय आता है, तब जीवन पर संकट आता है, तब प्राणी पास में पड़े हुए जाल और फंदे को भी नहीं देखता।"

गिद्ध की बात सुन राजा ने सेठ से पूछा–

"महासेठ! क्या यह सच है? क्या गिद्ध तुम्हारे घर वस्त्र आदि लाए हैं?"

"देव! सच है।"

"वह कहां है?"

"देव मैंने सब पृथक रखे हैं। जो जिसका है वह उसे दे दूंगा। इस गिद्ध को छोड़ दें।"

गिद्ध को छुड़वाकर सेठ ने जो जिसका था वह उसे दिलवाया।

पतित नारी

पूर्व समय में वाराणसी में राजा ब्रह्मदत्त राज्य करता था। उस समय बोधिसत्व उसकी पटरानी की कोख से पैदा हुए। नामकरण के दिन पदुमकुमार नाम रखा गया। उसके और छः भाई थे। यह सातों जने क्रम से बड़े हो, विवाह कर राजा के मित्रों की तरह रहने लगे।

एक दिन राजा ने राजांगन में खड़े होकर उन्हें बड़े ठाट-बाट से राजा की सेवा में आते देखा। सोचा, "ये मुझे मारकर राज्य भी ले सकते हैं।" इस शंका से शंकित हो उसने उन्हें बुलाकर कहा, "तात! तुम इस नगर में नहीं रह सकते। दूसरी जगह जाओ। मेरे मरने पर आकर कुल-प्राप्त राज्य ग्रहण करना।"

वे पिता का कहना मान रोते-पीटते घर आए। अपनी-अपनी स्त्रियों को लेकर नगर से निकल पड़े। रास्ते में एक कान्तार आया। वहां खाना-पीना न मिला। भूख न सह सकने के कारण उन्होंने सोचा, "जीते रहेंगे तो स्त्रियां मिलेंगी।" उन्होंने सबसे छोटे भाई की स्त्री को मारकर उसके तेरह टुकड़े करके मांस खाया।

बोधिसत्व ने अपने और भार्या के लिए दो हिस्सों में से एक रख छोड़ा, एक को दोनों ने खाया। इस प्रकार छः दिनों में छः स्त्रियों का मांस खाया गया, सातवें दिन बोधिसत्व की भार्या को मारने लगें। बोधिसत्व ने उन्हें छः टुकड़े देकर कहा, "आज यह खाओ। कल देखेंगे।"

जिस समय ये मांस खाकर सो रहे थे, बोधिसत्व अपनी भार्या को लेकर निकल भागे। उसने थोड़ी दूर चलकर कहा, "स्वामी! चल नहीं सकती हूं।" बोधिसत्व ने उसे कन्धे पर लेकर सूर्योदय के समय कान्तार से निकले। उसने कहा, "स्वामी! प्यास लगी है।"

"भद्रे! पानी कहां है।"

लेकिन बार-बार मांगने पर बोधिसत्व ने अपनी दाहिनी जांघ में प्रहार कर कहा, "भद्रे! पानी नहीं है। ये मेरी जांघ का लहू पी लो।" उसने वैसा ही किया।

वे क्रम से महानदी पर आए। पानी पी, स्नान कर, फल-मूल खाकर विश्राम किया। फिर गंगा की मोड़ की जगह आश्रम बनाकर रहने लगे।

गंगा के ऊपर के हिस्से में किसी राज्यापराधी चोर को हाथ-पांव तथा नाक काटकर बोरे में बन्द कर गंगा में बहा दिया गया था। वह बहुत चिल्लाता हुआ उस जगह आ निकला। बोधिसत्व ने उसकी करुणापूर्ण रोने-पीटने की आवाज सुनकर सोचा, "मेरे रहते कोई दुःख-प्राप्त प्राणी नष्ट न हो।" उसे आश्रम पर लाकर वस्त्र से जख्मों को धोकर चिकित्सा की। उसी भार्या घृणा से उस पर थूकती हुई फिरती थी—इस प्रकार के लुञ्जे को गंगा से लाकर उसकी सेवा करते हैं!

जख्म ठीक होने पर उसे और अपनी भार्या को आश्रम पर छोड़कर बोधिसत्व जंगल में फल-मूल लाकर उनका पालन करने लगे।

उनके इस प्रकार रहते हुए वह स्त्री उस लुञ्जे से आकृष्ट हो गई। उसने उसके साथ अनाचार किया। उसने सोचा, "किसी उपाय से बोधिसत्व को मार डालना चाहिए।" बोली, "स्वामी!" मैंने तुम्हारे कन्धे पर बैठे हुए कान्तार से निकलते समय इस पर्वत को देखते हुए मिन्नत मानी थी, "हे पर्वत-निवासी देवता! यदि मैं और मेरे स्वामी सकुशल निकल जाएंगे तो मैं तुम्हारी बलि चढ़ाऊंगी। सो वह देवता, जिसकी मिन्नत मानी थी, तंग करता है। उसकी बलि दें।"

बोधिसत्व उसकी माया नहीं जानते थे। उन्होंने 'अच्छा' कह स्वीकार किया और बलि-कर्म तैयार कर उससे बलि-पात्र उठवा पर्वत पर चढ़े।

उस स्त्री ने बोधिसत्व से कहा, "स्वामी! देवता से भी बढ़कर तुम ही उत्तम देवता हो। इसलिए पहले तुम्हें वन-पुष्पों से पूज, प्रदक्षिणा कर वन्दना करूंगी। पीछे देवता को बलि दूंगी।" उसने बोधिसत्व को प्रपात की ओर कर वन-पुष्पों से पूजा की। फिर प्रदक्षिणा करते हुए पीठ में धक्का दे, प्रपात से गिरा दिया। वह 'शत्रु की पीठ देख ली' सोच सन्तुष्ट हुई। पर्वत से उतरकर

लुञ्जे के पास गई। बोधिसत्व पर्वत से गिरते हुए प्रपात के किनारे, पत्तों से ढके कण्टक-रहित गुम्ब में एक गुलर के वृक्ष से जा लगे। पर्वत से नीचे उतरने में असमर्थ थे। गुलर खाकर शाखाओं के बीच में बैठे रहे।

एक गोह उस गूलर पर चढ़कर फल खाया करता था। उस दिन बोधिसत्व को देखकर भाग गया। अगले दिन आया और एक ओर से फल खाकर चला गया। इस प्रकार बार-बार आने से जब वह बोधिसत्व का विश्वासी हो गया तो उसने पूछा, "तू इस जगह कैसे आया?" "इस कारण से" बताने पर उसने कहा, "तो मत डर।" बोधिसत्व को अपनी पीठ पर लिटा, उतारकर जंगल पार कराया। महामार्ग पर ले जाकर कहा, "इस मार्ग से जा।"

बोधिसत्व एक ग्राम में जाकर रहने लगे। वहां रहते हुए पिता के मरने का समाचार मिला। वाराणसी पहुंचकर पदुमराजा नाम से राज्य करने लगे।

वह पापी स्त्री लुञ्जे को कन्धे पर बिठा जंगल से निकलकर बस्तियों में भिक्षा मांगकर उस लुञ्जे को पोसती थी। उससे यदि कोई पूछता कि यह तेरा क्या लगता है तो वह उत्तर देती, "मैं इसके मामा की लड़की हूं और यह मेरी बुआ का लड़का। मैं इसी को दी गई, सो मैं अपने स्वामी को-जो इस तरह दण्डित भी किया गया है-उठाए लिए फिरती हूं। भीख मांगकर पालती हूं।"

मनुष्यों ने समझा, यह पतिव्रता है। उसके बाद भी यवागु-भात देने लगे। दूसरों ने कहा, "तू इस तरह मत घूम। पदुमराजा वाराणसी में राज्य करता है। सारे जम्बू द्वीप को उद्वेलित कर दान देता है। वह तुझे देखकर प्रसन्न होगा। बहुत धन देगा।"

उन्होंने उसे एक बेंत की टोकरी दी और कहा कि अपने स्वामी को इसमें बिठाकर ले जा। वह अनाचारिणी उस लुञ्जे को बेंत की टोकरी में बिठाकर वाराणसी पहुंची। वहां दानशालाओं में खाती हुई घूमने लगी।

बोधिसत्व अलंकृत हाथी पर बैठकर दानशाला में जाते। वहां आठ-दस को अपने हाथ से दान देते। वह स्त्री उस लुञ्जे को टोकरी में सिर पर उठाए राजा के रास्ते में खड़ी हुई। राजा ने देखकर पूछा, "यह क्या है?"

"देव! एक पतिव्रता है।"

राजा ने उसे बुलाकर, पहचानकर, लुञ्जे को टोकरी से निकलवाया।

"ये तेरा क्या लगता है?"

"देव! यह मेरी बुआ का लड़का है। कुल वालों ने मुझे इसे सौंपा है। यह मेरा स्वामी है।"

लोग उनके बीच के भेद को न जानते थे। वे उसकी प्रशंसा करने लगे, "ओह पति देवता!"

राजा ने फिर उससे पूछा, "तुझे कुल वालों ने सौंपा है? यह तेरा स्वामी है?"

उसने राजा को न पहचानते हुए वीर बनकर कहा, "देव! हां।"

तब राजा ने पूछा, "क्या यह वाराणसी-राजा का पुत्र है? क्या तू अमुक राजा की अमुक नाम की लड़की और पदुमकुमार की भार्या नहीं है? मेरी जांघ का लहू पीकर इस लुञ्जे के प्रति आसक्त हो मुझे प्रपात से गिरा दिया। वही तू, अब अपने सिर पर मृत्यु लेकर मुझे मरा समझ यहां आई है? मैं जीता हूं।"

"अमात्यो! क्या मैंने तुम लोगों के पूछने पर यह नहीं कहा था कि मेरे छ: छोटे भाइयों ने छ: स्त्रियों को मारकर मांस खाया। लेकिन मैंने अपनी स्त्री को सकुशल गंगा-किनारे लाकर एक आश्रम में रहते हुए एक दण्ड-प्राप्त लुञ्जे को पानी से निकाल उसकी सेवा की। उस स्त्री ने उस आदमी के प्रति आसक्त हो मुझे पर्वत से गिरा दिया। यह वही दोनों हैं जाओ, इस पराई स्त्री का सेवन करने वाले को मूसल से मार डालो। इस पापी पतिव्रता का नाक-कान काट डालो।"

बोधिसत्व ने क्रोध न संभाल सकने के कारण ऐसे दण्ड की आज्ञा दी थी; लेकिन वैसा करवाया नहीं। क्रोध को कम करके उसने टोकरी को उसके सिर पर ऐसे कसकर बंधवाया कि वह उतार न सके। उस लुञ्जे को उसमें डलवाकर अपने राज्य से निकलवा दिया।

पूर्व जन्म

पूर्व काल में काशी राष्ट्र के पोतली नाम के नगर में अस्सक नामक राजा राज्य करता था। उसकी उब्बरी नाम की पटरानी थी। वह प्रिया थी, मनोज्ञ थी, सुन्दर थी, दर्शनीय थी और थी मानुषिक और दिव्य वर्ण के बीच के वर्ण की। वह मर गई। उसकी मृत्यु से राजा शोकाभिभूत हुआ। उसे दुःख हुआ और दौर्मनस्य को प्राप्त हुआ। उसने रानी का शरीर द्रोणी में, तेल की कढ़ाई में रखवा उसे अपनी चारपाई के नीचे रखवाया। स्वयं बिना कुछ खाए-पिए, रोता-पीटता, चारपाई पर पड़ा रहा।

माता-पिता, नातेदार, मित्र, अमात्य, ब्राह्मण, गृहपति, सभी समझाते, "महाराज! संस्कार अनित्य हैं....।" आदि। तो भी वे न समझा सके। उसके रोते-पीटते सात दिन बीत गए।

उस समय बोधिसत्व पांच अभिञ्ञा तथा आठ समापत्तियां प्राप्त करके तपस्वी होकर हिमवन्त प्रदेश में विचरते थे। उन्होंने दिव्य चक्षु से जम्बूद्वीप को देखते हुए राजा को इस प्रकार रोते देखा। "मुझे इसकी सहायता करनी चाहिए" सोच ऋद्धि-बल से आकाश में उड़कर राजा के बाग में उतरे। शिलापट पर सोने की प्रतिमा की तरह बैठे।

पोटली नगरवासी एक ब्राह्मण माणवक उद्यान में गया। बोधिसत्व को देखकर प्रणाम किया। बोधिसत्व ने उससे बातचीत कर पूछा, "माणवक? क्या राजा धार्मिक हैं?"

"भन्ते! हां, राजा धार्मिक हैं। लेकिन उसकी भार्या मर गई है। वह उसके शरीर को द्रोणी में रखवाकर रोता-पीटता लेटा है। आज उसे सातवां दिन हो गया। आप राजा को इस प्रकार के दुःख से क्यों नहीं मुक्त करते? आप जैसे शीलवान् के रहते क्या यह ठीक है कि राजा इस प्रकार का दुःख

अनुभव करे?"

"माणवक! मैं राजा को नहीं जानता। लेकिन यदि वह आकर मुझसे पूछे तो मैं उसकी भार्या के जन्म-ग्रहण करने का स्थान बताकर, राजा की उससे बातचीत करवाऊं।"

"भन्ते! तो मैं जब तक राजा को लेकर यहां आऊं तब तक आप यहीं बैठें।"

माणवक बोधिसत्व से वचन ले राजा के पास गया। सारी बात सुना कर कहा, "उस दिव्य चक्षुधारी के पास चलना चहिए।"

राजा यह सोचकर सन्तुष्ट हो रथ पर चढ़कर वहां गया कि उब्बरी को देख सकेगा। बोधिसत्व को प्रणाम कर उसने पूछा, "क्या तुम सचमुच देवी के जन्म-ग्रहण करने की जगह जानते हो?"

"महाराज! हां।"

"वह कहां पैदा हुई है?"

"महाराज! रूप में मत्त होने के कारण प्रमादवश उसने कोई अच्छा काम नहीं किया। इसलिए वह इसी उद्यान में गोबर के कीड़े की योनि में पैदा हुई।"

"मैं विश्वास नहीं करता।"

"तो मुझे दिखाकर उससे वार्तालाप करवाता हूं।"

"अच्छा, करवाएं।"

बोधिसत्व ने अपने प्रताप से ऐसा किया कि दो गोबर-पिण्ड लुढ़कते हुए राजा के सामने आए। बोधिसत्व ने उसे दिखाते हुए कहा, "महाराज! यह तेरी उब्बरीदेवी तुझे छोड़ गोबर के कीड़े के पीछे-पीछे आती है।"

"भन्ते! मैं विश्वास नहीं करता कि उब्बरी गोबर के कीड़े की योनि में जन्म ग्रहण करेगी।"

"महाराज! तो सुनें! बोधिसत्व ने अपने प्रताप से बुलाते हुए पूछा, "उब्बरी!" उसने मानुषी वाणी मैं कहा, "भन्ते! क्या?"

"पूर्व जन्म में तेरा क्या नाम था?"

"भन्ते! मैं अस्सक राजा की उब्बरी नाम की पटरानी थी।"

"इस समय तुझे अस्सक राजा की प्रिय है या गोबर की कीड़ा?"

"भन्ते! वह मेरा पूर्व जन्म था। उस समय मैं उसके साथ इस बाग में रूप, शब्द, गन्ध, रस तथा स्पर्श का आनन्द लेती हुई विचरती थी। लेकिन अब जब से मेरा नया जन्म हुआ है, वह मेरा क्या लगता है? उसकी अपेक्षा यह कीड़ा ही मेरा अधिक प्रिय है। मैं अब अस्सक राजा को मारकर उसकी गर्दन के खून से अपने स्वामी गोबर के कीड़े के पैर धो सकती हूं।"

इसे सुनकर अस्सक राजा को पश्चात्ताप हुआ। उसने लाश बाहर निकलवा दी। फिर दूसरी पटरानी बना धर्म से राज्य करने लगा।

मूर्ख ब्राह्मण

पूर्व समय में वाराणसी में राजा ब्रह्मदत्त राज्य करता था। उस समय बोधिसत्व काशी-देश में एक ब्राह्मण-कुल में पैदा हुए। बड़े होने पर तक्षशिला जाकर विद्या सीखी। घर लौटकर देखा कि माता-पिता बहुत दरिद्र हैं। उसने संकल्प किया कि दुर्गति को प्राप्त माता-पिता की अवस्था सुधारूंगा। माता-पिता की आज्ञा लेकर वाराणसी पहुंच, राज्य की सेवा में रहने लगा। वह राजा प्रिय हुआ। उसके मन को अच्छा लगने वाला हुआ।

उसका बाप दो बैलों से खेती कर पेट पालता था। एक बैल मर गया। उसने बोधिसत्व से कहा, "पुत्र! एक बैल मर गया। खेती नहीं होती। राजा से एक बैल मांग।"

"पुत्र! राजा की सेवा में रहते थोड़े ही दिन हुए हैं। अभी बैल मांगना ठीक नहीं। आप ही मांगें।"

"पुत्र! तू नहीं जानता कि मैं कितना लज्जाशील हूं! मैं दो-तीन जनों के सामने बोल नहीं सकता। यदि मैं राजा के सामने बैल मांगने जाऊंगा तो यह भी देकर आऊंगा।"

"पुत्र! जो होना है सो हो। मैं राजा से नहीं मांग सकता। लेकिन मैं आपको बोलने का अभ्यास करा दूंगा।"

"पुत्र! अच्छा मुझे अभ्यास करा।"

बोधिसत्व उसे ऐसे श्मशान में ले गए, जहां बीरण घास के झुण्ड थे। वहां घास में पूले बांधकर 'यह राजा है', 'यह उपराजा है', 'यह सेनापति है', आदि नाम रखकर पिता को दिखाकर कहा, "पुत्र! अब राजा के पास जाकर 'राजा की जय हो' कहें। तब यह गाथा कहकर बैल मांगें।"

द्वे में गोण महाराज येहि खेत्तं कसामसे।
तसु एको मतो देव, दुतियं देहि खत्तिय ॥

(महाराज! मेरे दो बैल थे, जिनसे खेती होती थी। देव! उनमें से एक मर गया। हे क्षत्रिय! दूसरा दें।)

ब्राह्मण ने एक वर्ष में गाथा का अभ्यास कर बोधिसत्व से कहा, "पुत्र सोमदत्त! मुझे गाथा कहने का अभ्यास हो गया। अब मैं इसे चाहे जिसके सामने कह सकता हूं। मुझे राजा के पास ले चल।"

उसने कहा, "पुत्र! अच्छा" और योग्य भेंट लिवा राजा के पास गया। ब्राह्मण ने 'महाराज की जय हो' कहकर भेंट की। राजा ने पूछा, "सोमदत्त! यह ब्राह्मण तेरा क्या लगता है?"

"महाराज! मेरा पिता है।"

"किस मतलब से आया है?"

उसी समय ब्राह्मण ने बैल मांगने के लिए याद की हुई गाथा कही—

द्वे में गोण महाराज येहि खेत्तं कसामसे।
तसु एको मतो देव, दुतियं देहि खत्तिय ॥

(महाराज! मेरे दो बैल थे, जिनसे खेती होती थी। देव! उनमें से एक मर गया। हे क्षत्रिय! दूसरा लें।)

राजा ब्राह्मण से विमुख हो गया। उसके कहने का भाव जानकर मुस्कराया और बोला, "सोमदत्त! मालूम होता है, तुम्हारे घर में बहुत बैल हैं।"

"महाराज! आप देंगे तो हो जाएंगे।"

राजा बोधिसत्व पर प्रसन्न हुआ। उसने ब्राह्मण को सोलह अलंकृत बैल और उसके रहने का गांव ब्रह्मदान दिया तथा बहुत से धन के साथ विदा किया।

छली बनिया

पूर्व समय में वाराणसी में राजा ब्रह्मदत्त राज्य करता था। उस समय बोधिसत्व अमात्य-कुल में पैदा हुए। बड़े होने पर राजा के न्याय-मन्त्री बने।

उस समय एक ग्रामवासी तथा एक नगरवासी, दो बनियों की आपस में मित्रता थी। ग्रामवासी ने नगरवासी के पास पांच सौ फाल रखे। उसने उन फालों को बेचकर दाम खरे कर लिए और जिस जगह फाल रखे थे, वहां मेंगनी फैला दीं। समय बीतने पर ग्रामवासी ने आकर कहा, "मेरे फाल दे।" कुटिल बनिये ने चूहे की मेंगनी दिखाकर कहा कि तेरे फालों को चूहे खा गए।

दूसरे ने कहा, "अच्छा, खाए सो खाए। जब चूहे खा गए तो अब क्या किया जा सकता है?" थोड़ी देर बाद दूसरा जब नहाने जाने लगा तो पहले पुत्र को साथ ले गया। उसने उसे अपने एक मित्र के घर में बैठा कर कहा कि इसे कहीं न जानें दें। स्वयं नहाकर कुटिल बनिए के घर गया।

उसने पूछा, "मेरा पुत्र कहां है?"

"मैं तेरे पुत्र को बैठाकर पानी में डुबकी लगा रहा था कि इतने में एक चिड़िया आई और तेरे पुत्र को पंजों से पकड़कर आकाश में उड़ गई। मैंने हाथ पीटे, चिल्लाया, कोशिश की; लेकिन तब भी उसे न छुड़ा सका।"

"तू झूठ बोलता है। चिड़िया बच्चों को लेकर नहीं जा सकती।"

"मित्र! कुछ भी हो, असम्भव होने पर भी मैं क्या करूं? तेरे पुत्र को चिड़िया ही ले गई है।"

"अरे मनुष्यघातक, दुष्ट, चोर! अभी अदालत में जाकर निकलवाता हूं।"

"जो तुझे अच्छा लगे, कर।"

कुटिल व्यापारी ने अदालत में पहुंचकर बोधिसत्व से निवेदन किया, "स्वामी! यह मेरे पुत्र को लेकर नहाने गया। लौटने पर मैंने पूछा कि मेरा पुत्र कहां है? उस पर यह कहता है कि उसे चिड़िया ले गई। इस मुकदमे का फैसला करें।"

बोधिसत्व ने दूसरे से पूछा, "क्या यह सच है?"

"स्वामी! मैं इसके लड़के को ले गया, यह सच है और चिड़िया उसे ले गई, यह भी सच है।"

"क्या चिड़िया बच्चों को ले जाती हैं?"

"स्वामी! मैं भी आपसे पूछना चाहता हूं कि चिड़िया तो बच्चे को आकाश में लेकर नहीं उड़ सकतीं तो क्या चूहे लोहे के फाल को खा सकते हैं?"

"इसका क्या मतलब?"

"स्वामी! मैंने इसके घर में पांच सौ फाल रखे। यह कहता है कि तेरे फालों को चूहे खा गए और उनकी जगह मेंगनी दिखलाता है। स्वामी! यदि चूहे फाल खाते हैं तो चिड़िया भी बच्चे ले जाती हैं।"

बोधिसत्व समझ गए कि इसने शठ के प्रति शठता का बर्ताव किया है। बोले, "तुम ठीक कहते हो। यदि चूहे फाल खा जाएंगे तो चिड़िया बच्चे को क्यों नहीं ले जाएगी? अरे पुत्र-नष्ट! जिसकी फाल खोई है, उसकी फाल दे यदि तू अपने बच्चे को चाहता है।"

"स्वामी! मैं इसकी फाल देता हूं यदि यह मेरा पुत्र दे।"

"स्वामी! मैं देता हूं यदि मेरे फाल दे।"

इस प्रकार जिसका पुत्र खोया था, उसने पुत्र पाया। जिसकी फाल खोई थी, उसने फाल पाई।

छत्तपाणि

पूर्वकाल में वाराणसी में पायासपाणि नाम का राजा राज्य करता था। कालक नाम का उसका सेनापति था। बोधिसत्व पुरोहित थे। नाम था धम्मध्वज। राजा के सिर को अलंकृत करने वाले नाई का नाम था छत्तपाणि।

राजा धर्मपूर्वक राज्य करता था; किन्तु उसका सेनापति मुकदमों का फैसला करता हुआ रिश्वत खाता था। घूस-खोर घूस लेकर स्वामी को अस्वामी बना देता था।

एक दिन एक आदमी मुकदमे में हार गया। अदालत से निकलकर जिस समय रोता-पीटता बाहर जा रहा था, उसने बोधिसत्व को देखा। बोधिसत्व के पांव पर गिरकर कहा, "स्वामी! तुम्हारे सदृश राज-पुरोहित के अर्थधर्मानुशासक होते हुए कालक सेनापति रिश्वत लेकर अस्वामी को स्वामी बना देता है।"

बोधिसत्व के हृदय में करुणा उत्पन्न हो गई। "आ, मैं तेरे मुकदमे का फैसला करूंगा", कहते हुए उसे लेकर मुकद्मे की जगह गए। जन-समूह इकट्ठा हो गया। बोधिसत्व ने उस फैसले को उलटते हुए फिर स्वामी को ही स्वामी बना दिया। जन-समूह ने 'वाह-वाह' की। बड़ा शोर हुआ। राजा ने सुनकर पूछा, "यह कैसी आवाज है?"

"देव! धम्मध्वज पण्डित ने एक ऐसे मुकदमे का फैसला किया है, जिसका ठीक फैसला नहीं हुआ था। उसी में 'वाह-वाह' हो रही है।"

राजा ने सन्तुष्ट हो बोधिसत्व को बुलाकर पूछा, "आचार्य! तुमने मुकदमे का फैसला किया?"

"हां महाराज! कालक ने जिस मुकदमे का ठीक फैसला नहीं किया था, उसका फैसला किया।"

"अब से तुम ही मुकदमे का फैसला किया करो। मेरे कानों को सुख मिलेगा। जनता की उन्नति होगी।"

स

उसके बाद रिश्वत न मिलने के कारण काल को हानि होने लगी। उसने राजा को भड़काया, "महाराज!" धम्मध्वज पण्डित आपका राज्य चाहता है।"

"ऐसा मत कहो।"

"देव! यदि विश्वास नहीं है तो उसके आने के समय झरोखे से देखें। आप देखेंगे कि इसने सारे नगर को अपने हाथ में कर लिया है।"

राजा को विश्वास हो चला। उसने पूछा–

"सेनापति! क्या करें?"

"देव! इसे मार डालना चाहिए।"

"कोई बड़ा दोष दिखाई दिए बिना कैसे मारें?"

"एक उपाय है?"

"कौन–सा उपाय?"

"इसे कोई असम्भव कार्य करने के लिए कहिए। न कर सके तो दोषी ठहराकर मारेंगे।"

"कौन–सा असम्भव कार्य?"

"महाराज! जरखेज भूमि में लगाने पर, देख–भाल करने पर साधारण तथा उद्यान दो साल में फल देता है। आप उसे बुलाकर कहें कि हमें कल ही उद्यान तैयार चाहिए। कल हम उसमें खेलेंगे। वह न बन सकेगा। तब उसे इस अपराध के कारण मार देंगे।"

राजा ने बोधिसत्व को बुलाकर कहा, "पण्डित! पुराने उद्यान में हम बहुत खेले। अब नए उद्यान में क्रीड़ा करने की इच्छा है। कल क्रीड़ा करेंगे। हमारे लिए उद्यान बनाओ। यदि न बना सकोगे तो तुम्हारी जान नहीं बचेगी।"

बोधिसत्व समझ गए कि कालक को रिश्वत न मिलने के कारण उसने राजा को फोड़ा होगा। "महाराज! कर सका तो देखूंगा।" कहकर वे घर चले गए। प्रणीताहार ग्रहण कर चारपाई पर लेटकर सोचने लगे। शक्र–भवन गरम हो गया। शक्र ने ध्यान लगाकर देखा। बोधिसत्व की पीड़ा जानकर जल्दी से आया। सोने के कमरे में प्रवेश कर आकाश में खड़े होकर पूछा–

"पण्डित! क्या चिन्ता कर रहे हो?"

"तू कौन है?"

"मैं शक्र हूं।"

"राजा ने मुझे उद्यान बनाने को कहा है। उसकी चिन्ता कर रहा हूं।"

"पण्डित! चिन्ता न कर। मैं तेरे लिए नन्दनवन चित्रलतावन-सदृश उद्यान बना दूंगा। किस जगह पर बनाऊं?"

"अमुक स्थान पर।"

उद्यान बनाकर शक्र देवपुर चला गया। बोधिसत्व ने अगले दिन राजा से जाकर निवेदन किया।

राजा ने जाकर देखा, अठारह हाथ की मनोशिलावर्ण की दीवार से घिरा, द्वार-अट्टालिका-सहित, फूल-फल के भार से लदा हुआ, नाना प्रकार के वृक्षों से सजा हुआ उद्यान है। उसने कालक से पूछा, "पण्डित ने हमारा कहना किया। अब क्या करें?"

"महाराज! जो एक रात में उद्यान बना सकता है, वह राज्य से ले सकता है या नहीं?"

"अब क्या करें?"

"उससे दूसरा असम्भव कार्य कराएं।"

"कौन-सा कार्य?"

"सात रत्नों वाली पुष्करिणी बनवाओ।"

राजा ने बोधिसत्व को बुलाकर पूछा, "आचार्य! तुमने उद्यान तो बना दिया। अब इसके योग्य सात रत्नों वाली पुष्करिणी बनाओ। यदि नहीं बना सकोगे तो तुम्हारी जान जाएगी।"

"महाराज! अच्छा, बना सकेंगे तो बनाएंगे।"

शक्र ने सुन्दर, सौ तीर्थों वाली, हजार जगह से मुड़ी, पांच प्रकार के कमलों से ढकी, नन्दन पुष्करिणी-सदृश पुष्करिणी बना दी।

राजा ने उसे देख कालक से पूछा, "अब क्या करें?"

"देव! उद्यान के योग्य घर बनाने को कहें।"

राजा ने बोधिसत्व को बुलाकर कहा, "आचार्य! इस उद्यान और पुष्करिणी के अनुकूल एक ऐसा घर बनाओ जो सारा-का-सारा हाथी दांत

का हो, यदि नहीं बनाओगे तो तुम्हारी जान न रहेगी।"

शक्र ने उसका घर भी बना दिया। राजा ने उसे भी देख कालक से पूछा, "अब क्या करें?"

"महाराज! घर के योग्य मणि बनाने को कहें।"

राजा ने बोधिसत्व को बुलाकर कहा, "पण्डित! इस हाथी दांत के अनुकूल मणि बनाओ। मणि के प्रकाश में घूमेंगे। नहीं बना सकोगे तो तुम्हारी जान जाएगी।"

शक्र ने उसकी मणि भी बना दी। अगले दिन राजा ने उसे भी प्रत्यक्ष देखकर पूछा, "अब क्या करें?"

"महाराज! मालूम होता है कि ऐसा देवता है जो धम्मध्वज ब्राह्मण को जो-जो चाहता है, देता है। अब ऐसी आज्ञा दें, जिसे देवता भी न बना सकें। चारों अंगों से युक्त मनुष्य को देवता भी नहीं बना सकता। इसलिए उसे कहें कि मुझे चारों अंगों से युक्त उद्यानपाल बनाकर दे।"

राजा ने बोधिसत्व को बुलाकर कहा, "आचार्य! तुमने हमारे लिए उद्यान, पुष्करिणी, हाथी दांत का प्रासाद, उसमें प्रकाश करने के लिए मणिरत्न बनाया। अब मेरे उद्यान की रक्षा करने वाला, चारों अंगों से युक्त उद्यानपाल बनाओ। नहीं बनाओगे तो तुम्हारी जान न बचेगी।"

"मिलने पर देखूंगा" कहकर बोधिसत्व घर गए। प्रणीत भोजन खा, शय्या पर सोकर सबेरे उठ सोचने लगे—देवराज शक्र ने जो स्वयं बना सकता था, बनाया। वह चारों अंगों से युक्त उद्यानपाल नहीं बना सकता। इसलिए दूसरों के हाथ से मरने की अपेक्षा जंगल में अनाथ की तरह मरना ही अच्छा है।

वह बिना किसी से कहे, प्रासाद से उतर, मुख्यद्वार से ही नगर से निकल जंगल में प्रवेश कर, एक वृक्ष के नीचे बैठ, सत्पुरुषों के धर्म का ध्यान करने लगा। शक्र को जब यह पता लगा तो उसने एक वनचर की शक्ल बना बोधिसत्व के पास जाकर पूछा, "ब्राह्मण! तू सुकुमार है। तूने पहले दुःख नहीं देखा। तू इस अरण्य में दाखिल होकर बैठा क्या कर रहा है?"

"राजा चारों अंगों से युक्त उद्यानपाल मंगवाता है। वैसा नहीं मिल

सकता। सो मैंने यह सोचा कि किसी के हाथ से मरने से क्या लाभ, जंगल में प्रविष्ट हो अनाथ की तरह मरूंगा। इसलिए श्रेष्ठ पुरुषों के धर्म का मरण करता हुआ ध्यान लगा रहा हूं।"

"ब्राह्मण! मैं देवराज शक्र हूं। मैंने तेरे लिए उद्यान आदि बनाए। चारों अंगों से युक्त उद्यानपाल नहीं बना सकता। तुम्हारे राजा के बालों को सजाने वाला छत्तपाणि नाम का नाई है। चारों अंगों से युक्त उद्यानपाल की आवश्यकता हो तो उसे उद्यानपाल बनने के लिए कहना।"

इतना कहकर शक्र देवनगर चला गया। बोधिसत्व प्रातःकाल का भोजन कर राजद्वार गए। वहीं छत्तपाणि को देख, हाथ से पकड़कर पूछा, "मित्र! तू चारों अंगों से युक्त है?"

"तुझे किसने कहा कि मैं चारों अंगों से युक्त हूं?"

"देवराज शक्र ने।"

"किस कारण से कहा?"

"इस कारण से।"

"हां, मैं चारों अंग से युक्त हूं।"

बोधिसत्व उसे हाथ से पकड़े ही राजा के पास ले जाकर बोले, "महाराज! यह छत्तपाणि चारों अंगों से युक्त है। उद्यानपाल की आवश्यकता होने पर इसे उद्यानपाल बनावें।"

राजा ने उससे पूछा, "क्या तू चारों अंगों से युक्त है?"

"हां महाराज!"

"किन चार अंगों से?"

"महाराज! मुझमें ईर्ष्या नहीं है। मैंने कभी शराब नहीं पी। दूसरों के प्रति मुझमें न स्नेह है न क्रोध। इन चारों अंगों से युक्त हूं।"

"छत्तपाणि! तू अपने आपको ईर्ष्या-रहित कहता है?"

"हां देव! मैं ईर्ष्या-रहित हूं।"

"किस बात को देखकर ईर्ष्या-रहित हुआ?"

"देव! सुनें। पहले मैं इसी वाराणसी में आपके जैसा ही राजा था। उस समय मेरी रानी नौकर के साथ अनाचार किया। तब मैं सोचने लगा, "सोलह हजार स्त्रियां छोड़कर इस अकेली के साथ रहता हूं तो भी इसे सन्तुष्ट नहीं

कर सका। स्त्रियां बड़ी कठिनाई से सन्तुष्ट की जा सकने वाली होती हैं। इसलिए उनके प्रति क्रोध करना वैसा ही निरर्थक है, जैसा कि कपड़े पहनने पर उनके मैले होने पर। मैंने दृढ़ संकल्प किया कि अब से काम–भोग के प्रति ईर्ष्या न करूंगा।"

"छत्तपाणि! किस बात को देखकर तू अमद्यत हो गया?"

"महाराज! पूर्व काल में मैं आपकी ही तरह वाराणसी का राजा था। शराब के बिना न रह सकता था। बिना मांस के भोजन न कर सकता था। एक बार उपोसथ व्रत के दिन रसोइये को मांस न मिला। उसने देवी के पास जाकर पूछा, "देवी! आज मांस नहीं मिला। क्या करूं?"

"तात! मेरा पुत्र राजा को अत्यन्त प्रिय है। पुत्र को देखकर राजा उसे चूमता हुआ लाड़–प्यार करता हुआ अपना अस्तित्व ही भूल जाता है। मैं पुत्र को सजाकर राजा की गोद में बिठा दूंगी। जब वह पुत्र के साथ खेल रहा हो तब तुम भोजन लाना।"

रसोइया निर्दिष्ट समय पर भोजन लाया। शराब के नशे में बेहोश राजा ने पका मांस न देखकर पूछा, "मांस कहां है?" "देव! आज पशु–हत्या बन्द रहने से मांस नहीं मिला।"

"मुझे मांस नहीं मिलेगा। ले, जल्दी से पकाकर ला", कहते हुए राजा ने गोद में बैठे प्रिय पुत्र की गर्दन मरोड़कर रसोइये के सामने फेंकी। रसोइए ने वैसा ही किया। राजा ने पुत्र–मांस के साथ भोजन किया। राजा के भय से न कोई रो–पीट सका, न कुछ कह सका।

प्रातःकाल नशा उतरने पर राजा ने कहा, "मेरे पुत्र को लाओ।" उस समय देवी रोती हुई चरणों में गिर पड़ी। राजा ने पूछा, "भद्रे! क्या हुआ?"

"देव! कल आपने पुत्र को मारकर पुत्र–मांस के साथ भोजन किया!"

तब से मैंने प्रतिज्ञा की कि ऐसी विनाशकारिणी सुरा को कभी नहीं पीऊंगा।"

"क्या देखकर तू स्नेह–हीन हो गया?"

"महाराज! पहले मैं वाराणसी में कितवास नाम का राजा था। मुझे पुत्र हुआ। लक्षण जानने वालों ने उसे देखकर कहा कि इसकी मृत्यु पानी न मिलने से होगी। उसका नाम दुष्टकुमार रखा गया।"

राजा दुष्टकुमार को सदैव अपने आगे-पीछे रखता। पानी के अभाव में कुमार मर न जाए, इस भय से चारों ओर दरवाजे और नगर के भीतर जहां-तहां पुष्करिणियां बनवा दीं। चौरस्तो आदि पर मण्डप बनवा, पानी की चाटियां रखवाईं।

एक दिन कुमार सज-धजकर अकेले उद्यान गया। रास्ते में उसने प्रत्येकबुद्ध को देखा। जनता उन्हीं को प्रणाम करती, हाथ जोड़ती थी, राजकुमार को नहीं। उसने सोचा, "मुझे छोड़कर लोग इस सिर-मुण्डे को प्रणाम करते हैं, प्रशंसा करते हैं, हाथ जोड़ते हैं।" उसने क्रोधित हो, हाथी से उतरकर प्रत्येकबुद्ध के पास जाकर पूछा, "श्रमण! तुझे भोजन मिला?"

"हां राजकुमार, मिला।"

उसने प्रत्येकबुद्ध के हाथ से पात्र ले, उसे जमीन पर पटक, भोजन सहित पांव से मर्दन कर, पांव की ठोकर से चूर-चूर कर दिया। प्रत्येकबुद्ध उसके मुंह की ओर देखने लगे, "अब यह प्राणी नष्ट हुआ।"

कुमार बोला, "श्रमण! मैं कितवास राजा का पुत्र हूं। मेरा नाम है दुष्टकुमार। तू मुझ पर क्रोधित हो, आंख फाड़-फाड़कर देखने से मेरा क्या करेगा?"

प्रत्येकबुद्ध का भोजन हो गया। वे आकाश में उठकर उत्तर हिमालय में नन्दमूल पब्भार पर चले गए। राजकुमार के पाप-कर्म ने उसी क्षण फल दिया। 'जल रहा हूं' कहता हुआ वह वहीं गिर पड़ा। उतना पानी भी सब समाप्त हो गया। वहीं उसका प्राणान्त हो गया। अवीचि नरक में पैदा हुआ।

राजा ने वह समाचार सुन पुत्र-शोक से अभिभूत हो सोचा, "मेरा यह शोक प्रिय वस्तु से उत्पन्न हुआ। यदि मैं स्नेह न करता तो शोक न होता।" तब से निश्चय किया कि चाहे जानदार चीज हो, चाहे बेजान; किसी चीज से स्नेह नहीं करूंगा।"

"मित्र! किस बात को देखकर तू क्रोध-रहित हो गया?"

"महाराज! मैं अरक नामक तपस्वी हो सात वर्ष तक मैत्री चित्त की भावना करते हुए सात संवर्त-विवर्त-कल्पों तक ब्रह्मजाल में रहा। इसलिए दीर्घकाल तक मैत्री भावना का अभ्यास करने से क्रोध-रहित हो गया।"

इस प्रकार छत्तपाणि ने अपने चारों अंगों को कह लिया। राजा ने परिषद्

को इशारा किया। उसी क्षण अमात्य, ब्राह्मण, गृहपति आदि यह कहने लगे, "अरे! रिश्वतखोर! दुष्ट! चोर! तू रिश्वत न मिलने से पण्डित की निन्दा करके उसे मरवाना चाहता था।" उन्होंने सेनापति कालक के हाथ पांव पकड़कर, राजमहल से उतारकर, जो-जो हाथ में आया–पत्थर, मुद्गार आदि से प्रहार करके उसे मार डाला।

पटरानी

पूर्व समय में वाराणसी में राजा ब्रह्मदत्त राज्य करता था। उस समय बोधिसत्व अमात्य-कुल में पैदा हुए। बड़े होने पर उसके अर्थधर्मानुशासक हुए।

राजा ने अपने पुत्र पर षड्यन्त्र का सन्देह कर उसे निकाल दिया। वह अपनी भार्या-सहित नगर से निकाल काशी के एक गामड़े में रहने लगा।

आगे चलकर जब उसने पिता के मरने का समाचार सुना तो कुलागत राज्य को लेने के लिए वापस बनारस आया। रास्ते में उन दोनों को खाने के लिए भात की पोटली मिली। उसने भार्या को न देकर भात अकेले खाया। उसकी इस प्रकार कठोर-हृदयता देख भार्या बड़ी दुःखी हुई।

वाराणसी पहुंचकर वह राजा बना। भार्या को पटरानी बनाकर उसे बहुत थोड़ी-सी सुविधा दी कि इतना पर्याप्त होगा। उसका और कुछ भी सम्मान न करता। "कैसे दिन कटते हैं"-तक न पूछता। बोधिसत्व ने सोचा, "यह देवी राजा का बहुत उपकार करने वाली है, उसके प्रति स्नेह रखती है; लेकिन राजा इसे कुछ नहीं मानता। इसका सत्कार-सम्मान करवाऊंगा।"

बोधिसत्व देवी के पास जाकर आदरपूर्वक एक ओर खड़े हो गए। देवी ने पूछा, "तात! क्या है?"

"देवी! हम तुम्हारी सेवा करते हैं। क्या बड़े-बूढ़ों को वस्त्र-खण्ड या भात नहीं देना चाहिए?"

"तात! मैं स्वयं कुछ नहीं पाती। तुम्हें क्या दूंगी। जब मिलता था, दिया। अब राजा मुझे कुछ नहीं देता। दूसरी किसी चीज की बातें जाने दें। राज्य ग्रहण करने के लिए जब हम आ रहे थे तो रास्ते में भात की पोटली पाकर मुझे भात तक नहीं दिया। अपने-आप ही खाया।"

"अम्म! क्या राजा के सामने ऐसा कह सकोगी?"

"पुत्र! कह सकूंगी।"

"तो आज ही जब मैं राजा के सामने खड़ा होकर पूछूं तो ऐसा कहना। मैं आज ही तुम्हारे गुण प्रकट करूंगा।"

बोधिसत्व पहले से जाकर राजा के सामने खड़े हुए, वह भी जाकर राजा के सामने खड़ी हुई।

बोधिसत्व ने कहा, "अम्म! तुम अति कठोर-हृदया हो। क्या बड़े-बूढ़ों को वस्त्र या भात नहीं देना चाहिए?"

"पुत्र! मुझे ही राजा से कुछ नहीं मिलता। तुम्हें क्या दूंगी।"

"क्या पटरानी नहीं हो?"

"पुत्र! सम्मान न मिलने से पटरानी होने से क्या होगा? अब मुझे तुम्हारा राजा क्या देगा। उसने रास्ते में भात की पोटली पाकर भात तक नहीं दिया। स्वयं खाया।"

बोधिसत्व ने पूछा, "महाराज! क्या ऐसी बात है?"

राजा ने स्वीकार किया। तब बोधिसत्व ने देवी से कहा-

"देवी! राजा की अप्रिय होने पर तुम्हें यहां रहने से क्या लाभ? संसार में अप्रिय का साथ दुःखदायी होता है। तुम्हारे यहां रहने से राजा को अप्रिय के साथ रहने का दुःख होगा। प्राणी मिलने वाले के साथ मिलते हैं न मिलने वाले के साथ नहीं मिलते। यह जानकर दूसरी जगह चले जाना चाहिए। दुनिया बहुत बड़ी है।"

यह सुनकर वाराणसी-राजा ने देवी को सब ऐश्वर्य दिए।

महापिंगल

पूर्व समय में वाराणसी में महापिंगल नाम का राजा अधर्म से अनुचित तौर पर राज्य करता था। लोभ के वशीभूत हो पापकर्म करता था। जनता को ऐसे पीड़ता था जैसे ऊख को। वह रौद्र स्वभाव का था। कठोर था और दुस्साहसी था। उसमें दूसरों के लिए तनिक भी दया नहीं थी। घर में स्त्रियों का, लड़के-लड़कियों का, अमात्य-ब्राह्मणों का तथा गृहपति आदि का भी अप्रिय था। वह ऐसा था मानो आंख में धूल हो, भात के कौर में कंकर हो अथवा एड़ी को बींधकर कांटा घुस गया हो।"

उस समय बोधिसत्व महापिंगल के पुत्र होकर पैदा हुए। महापिंगल चिरकाल तक राज्य करके मर गया। उसके मरने पर सभी वाराणसीवासी हर्षित और सन्तुष्ट हुए। खूब प्रसन्न हो, एक हजार गाड़ी लकड़ी से महापिंगल को जलाकर सहस्त्र घड़ों से आग बुझाई। फिर बोधिसत्व को राज्य पर अभिषिक्त किया। "हमें धार्मिक राजा मिला है" सोचकर लोगों ने नगर में उत्सव-भेरी बजवाई, ऊंची ध्वजाओं तथा पताकाओं से नगर को अलंकृत किया, दरवाजे-दरवाजे पर मण्डप बनवाए, खील-पुष्प बिखरे सजे हुए मण्डपों में बैठकर खाने-पीने लगे।

बोधिसत्व अलंकृत महातल पर बिछे श्रेष्ठ आसन पर, जिस पर श्वेत छत्र छाया हुआ था, बैठे। अमात्य, ब्राहाण, गृहपति, राष्ट्रिक तथा द्वारपाल आदि राजा को घेरकर खड़े थे। एक द्वारपाल थोड़ी ही दूर पर हिचकियां लेता हुआ रो रहा था। बोधिसत्व ने उसे देखकर पूछा, "सौम्य! मेरे पिता के मरने पर सभी प्रसन्न हो उत्सव मना रहे हैं। लेकिन तू खड़ा रो रहा है। क्या मेरा पिता तुझे ही प्रिय था?"

"मैं इस शोक से नहीं रोता हूं कि महापिंगल मर गया। मेरे सिर को तो

सुख हुआ है। पिंगल राजा प्रासाद से उतरते और चढ़ते हुए हथौड़ी से चोट लगाने की तरह मेरे सिर पर आठ–आठ ठोके लगाता था। उसी तरह वह परलोक में यमराज के सिर में भी ठोके लगायेगा। "यह हमें बहुत कष्ट देता है" सोच वे उसे फिर यहां छोड़ जा सकते हैं। वह फिर मेरे सिर में ठोके मारेगा। मैं इस भय के कारण रोता हूं।"

बोधिसत्व ने उसे आश्वासन दिया, "राजा लकड़ी के हजार भारों से जला दिया गया है। हजारों घड़ों से चिता बुझा दी गई है। जिस जगह जलाया गया, वह जगह खन दी गई है। जो परलोक जाते हैं; उनका यह स्वभाव होता है कि वे दूसरी जगह जन्म ग्रहण करते हैं। फिर उसी शरीर में नहीं आते। इसलिए तू मत डर।"

भूसिल

पूर्व समय में वाराणसी में राजा ब्रह्मदत्त राज्य करता था। उस समय बोधिसत्व गन्धर्व–कुल में पैदा हुए। नाम हुआ गुत्तिलकुमार। बड़े होने पर वह गन्धर्व–कला में ऐसे पारंगत हुए कि सारे जम्बू द्वीप में गुत्तिल गन्धर्व ही सब गन्धर्वों से बढ़ गया।

स

उस समय वाराणसी–निवासी बनिए उज्जैनी गए हुए थे। वहां उत्सव की घोषण हई। उन्होंने चन्दा करके, बहुत–सी माला, गन्ध, विलेपन आदि तथा खाद्य–भोज्य लेकर क्रीड़ा–स्थान पर इकट्ठे होकर कहा, "वेतन देकर एक गन्धर्व लाओ।"

उस समय उज्जैनी में मूसिल नामक ज्येष्ठ गन्धर्व था। उन्होंने उसे बुलाकर अपना गन्धर्व बनाया। मूसिल ने वीणा को स्वर चढ़ाकर बजाया। गुत्तिल गन्धर्व के परिचित उन लोगों को मूसिल का बजाना चटाई खुजलाने जैसा प्रतीत हुआ। कोई भी न बोला। उन्होंने अपनी प्रसन्नता प्रकट की। मूसिल ने उनकी प्रसन्नता न देखी तो सोचा, "मालूम होता है, मैं बहुत तीखा बजाता हूं।" उसने मध्यम स्वर चढ़ा मध्यम स्वर बजाया। वे तब भी उपेक्षावान ही रहे। उसने सोचा, "मालूम होता है, ये कुछ नहीं जानते।" स्वयं भी कुछ न जानने वाला बन उसने वीणा के तारों को ढीला कर बजाया। उन्होंने तब भी कुछ न कहा।

मूसिल बोला, "भो व्यापारियो! क्या आप लोग मेरे वीणा–वादन से प्रसन्न नहीं होते?"

"क्या तू वीणा बजाता था? हम तो समझते रहे कि तू वीणा को कस रहा है।"

"क्या तुम मुझसे बढ़कर आचार्य को जानते हो? अथवा अपने अज्ञान के कारण प्रसन्न नहीं होते हो?"

"वाराणसी में जिन्होंने गुत्तिल गन्धर्व का वीणा-वादन सुना है, उन्हें तुम्हारा वीणा बजाना ऐसा ही लगता है, जैसे स्त्रियां बच्चों को सन्तुष्ट कर रही हों।"

"अच्छा, तो आपने जो खर्चा दिया है उसे वापस लें। मुझे यह नहीं चाहिए। लेकिन हां, वाराणसी जाते समय मुझे साथ लेकर जाएं।"

उन्होंने 'अच्छा' कह स्वीकार किया। जाते समय उसे साथ वाराणसी ले गए। वहां गुत्तिल का निवास-स्थान बताकर वे अपने-अपने घर चले गए।

मूसिल ने बोधिसत्व के घर में प्रवेश किया। वहां टंगी हुई बोधिसत्व की बहुत ही अच्छी वाणी देखकर बजाई। बोधिसत्व के माता-पिता अन्धे थे। बोधिसत्व उन्हीं की सेवा करते हुए अकेले जीवन व्यतीत करते थे। अन्धे होने के कारण बोधिसत्व के माता-पिता मूसिल को न देख सके। उन्होंने समझा, चूहे वीणा खा रहे हैं। इसलिए उन्होंने कहा, "सू....सू....चूहे वीणा खा रहे हैं।"

उस समय मूसिल ने वीणा रखकर बोधिसत्व के माता-पिता को प्रणाम किया। उन्होंने पूछा, "कहां से आया?"

"उज्जैनी से आचार्य के पास शिल्प सीखने आया हूं।"

"अच्छा!"

"आचार्य कहां हैं?"

"पुत्र! बाहर गया है। आज आ जाएगा।"

यह सुन मूसिल वहीं बैठ गया। बोधिसत्व आए। कुशल-समाचार पूछे जा चुकने पर उसने अपने आने का कारण बताया। बोधिसत्व अंग-विद्या के जानकार थे। वे जान गए कि यह सत्पुरुष नहीं है। उन्होंने अस्वीकार किया, "तात! जा तेरे लिए शिल्प नहीं है।"

मूसिल ने बोधिसत्व के माता-पिता के चरण पकड़े। उसने उन्हें अपनी याचना से सन्तुष्ट कर याचना की कि मुझे शिल्प सिखा दें। बोधिसत्व ने बार-बार कहे जाने पर उनकी आज्ञा का उल्लंघन न कर सकने के कारण उसे शिल्प सिखा दिया।

वह बोधिसत्व के साथ राजदरबार जाता। राजा ने उसे देखकर पूछा, "आचार्य! यह कौन है?"

"महाराज! मेरा शिष्य है।"

वह शनैः-शनैः राजा का विश्वासी हो गया। बोधिसत्व ने बिना कुछ छिपाए अपना जाना हुआ सारा शिल्प उसे सिखा दिया। बोले, "पुत्र! शिल्प समाप्त हो गया।" उसने सोचा, "मैंने शिल्प सीख लिया। यह वाराणसी नगर सारे जम्बू द्वीप में श्रेष्ठ नगर है। आचार्य भी बूढ़े हो गए हैं। मुझे यहीं रहना चाहिए।" उसने आचार्य से कहा, "आचार्य! मैं राजा की सेवा करूंगा।"

"अच्छा पुत्र! मैं राजा से कहूंगा।"

आचार्य! राजा से बोले, "महाराज! हमारा शिष्य देव की सेवा में रहना चाहता है। उसको जो देना हो, वह आप जानें।"

राजा बोला, "आपको जितना मिलता है, आपके शिष्य को उसका आधा मिलेगा।" उन्होंने मूसिल को वह बात कही। मूसिल बोला, "मुझे आपके बराबर ही मिलेगा तो सेवा करूंगा, नहीं मिलेगा तो नहीं।"

"क्यों?"

"क्या आप जितना शिल्प जानते हैं, वह सब मैं नहीं जानता?"

"हां, जानते हो।"

"यदि ऐसा है तो मुझे आधा क्यों देता है?"

बोधिसत्व ने राजा से कहा। राजा बोला, "यदि आपके समान शिल्प दिखा सकेगा तो बराबर मिलेगा।" बोधिसत्व ने राजा की बात उसे सुनाई। वह बोला, "अच्छा दिखाऊंगा।" राजा को कहा गया। उसने कहा, "दिखाओ।" सातवें दिन मुकाबला होना निश्चित हुआ।

राजा ने मूसिल को बुलवाकर पूछा, "क्या तू सचमुच आचार्य के साथ मुकाबला करेगा?"

"देव! सचमुच।"

"आचार्य के साथ मुकाबला करना उचित नहीं। मत कर।"

"महाराज! आज से सातवें दिन मेरा और आचार्य का मुकाबला होने ही दें। आप एक-दूसरे के ज्ञान को देखेंगे।"

राजा ने 'अच्छा' कहकर स्वीकार किया। उसने शहर में मुनादी करवा

दी, "आज से सातवें दिन आचार्य गुत्तिल तथा उनका शिष्य मूसिल राज दरबार में एक–दूसरे के मुकाबले में अपना–अपना शिल्प दिखाएंगे। नगर–निवासी इकट्ठे होकर शिल्प देखें।"

बोधिसत्व सोचने लगे, "यह मूसिल आयु में कम है, जवान है। मैं बूढ़ा हो गया हूं। शक्ति घट गई है। बूढ़े आदमी से काम नहीं हो सकता। शिष्य हार गया तो इसमें कुछ विशेषता नहीं, लेकिन शिष्य जीत गया तो उस लज्जा से तो अच्छा है जंगल में जाकर मर जाना।"

वह जंगल में जाते, लेकिन मृत्यु–भय से लौट आते। फिर लज्जा के मारे जंगल में जाते। इस प्रकार उन्हें आना–जाना करते ही छः दिन बीत गए। तृण मर गए। इस प्रकार उन पर रास्ता चलने का निशान बन गया। उस समय शक्र का आसन गरम हुआ। उसने ध्यान लगाकर देखा तो उसे मालूम हुआ कि गुत्तिल गन्धर्व शिष्य के भय से जंगल में महादु:ख भोग रहा है। मुझे इसका सहायक होना चाहिए। वह जल्दी से जाकर बोधिसत्व के सामने खड़ा हुआ। पूछा, "आचार्य! जंगल में क्यों दाखिल हुआ?"

"तू कौन है?"

"मैं शक्र हूं।"

"हे देवराज! मैंने मूसिल नाम के शिष्य को सात तारों वाली सुमधुर रमणीक वीणा जितना जानता था, सिखाई। अब वह मुझे रंगमंच पर ललकारता है। हे इन्द्र! तू मुझे शरण दे।"

"सौम्य! डरो मत। मैं तुम्हारा त्राण करूंगा। शिष्य तुझे नहीं जीतेगा। आचार्य ही शिष्य को जीतेगा। तुम वीणा बजाते हुए एक तार तोड़कर छः बजाना। वीणा से स्वाभाविक स्वर निकलेगा। मूसिल भी तार तोड़ देगा। उसकी वीणा से स्वर न निकलेगा, फिर दूसरा, तीसरा, चौथा, पांचवां, छठा, सातवां तार भी तोड़कर केवल वीणा–दण्ड ही बजाना। तार–रहित खूंटियों से स्वर निकलकर सारी बारह योजन की वाराणसी को ढक लेगा। ये हैं तीन गोटियां। सारे नगर पर वीणा–शब्द छा जाने पर इनमें से एक गोटी आकाश में फेंकना। तुम्हारे सामने तीन अप्सराएं उतरकर नाचने लगेंगी। तब दूसरी फेंकना। तुम्हारे सामने तीन सौ अप्सराएं उतरकर नाचने लगेंगी। तीसरी भी फेंकना और तीन सौ उतरकर रंगमण्डप में नाचेंगी। मूसिल बुरी तरह हार

जाएगा। मैं भी तुम्हारे पास आऊंगा। जाओ। डरो मत।"

बोधिसत्व पूर्वाह्न समय घर गए। राज–दरबार में मण्डप बनाकर राजासन तैयार कर दिया गया। राजा प्रासाद से उतरकर सजे मण्डप में बैठा। दस हजार अलंकृत स्त्रियों तथा अमात्य, ब्राह्मण, राष्ट्रिक आदि ने राजा को घेर लिया। सभी नगरवासी इकट्ठे हो गए। राजांगण में चक्कों के साथ चक्के तथा मंच बंध गए। बोधिसत्व भी स्नान करके, लेपकर, नाना प्रकार के श्रेष्ठ भोजन खाकर अपने लिए बिछे आसन पर वीणा लेकर बैठे। शक्र गुप्त रूप से आकाश में आकर ठहरा। केवल बोधिसत्व ही उसे देख सकते थे। मूसिल भी आकर अपने आसन पर बैठा। जनता घेरकर खड़ी हुई। आरम्भ में दोनों ने बराबर–बराबर बजाया। जनता ने दोनों के बजाने से सन्तुष्ट होकर हजारों हर्ष–नाद किए।

शक्र ने आकाश में ठहरे बोधिसत्व को कहा, "एक तार तोड़ दें।" बोधिसत्व ने भ्रमर तार तोड़ दिया। उसके टूटने पर भी वीणा स्वर देती थी। देव–गन्धर्व का–सा स्वर निकलता था। मूसिल ने भी तार तोड़ दिया। उसमें से स्वर न निकला। आचार्य ने दूसरा–तीसरा करके सातों तार तोड़ दिए। केवल दण्ड को बजाने से जो स्वर निकला, उसने सारे नगर को छा लिया। हजारों वस्त्र फेंके गए। तथा हजारों हर्षनाद हुए। बोधिसत्व ने एक गोटी आकाश में फेंकी। तीन सौ अप्सराएं उतरकर नाचने लगीं। इस प्रकार दूसरी गोटी फेंकने पर जैसा कहा गया उसी तरह नौ सौ अप्सराएं उतरकर नाचने लगीं।

उस समय राजा ने जनता को इशारा किया। जनता ने उठकर कहा, "तू आचार्य से विरोध कर उनकी बराबरी करता है। अपने सामर्थ्य नहीं देखता!"

जनता ने मूसिल को डरा–धमकाकर जो–जो हाथ में आया, पत्थर, डण्डे आदि मारकर उसकी जान ले ली।

परोपकार का फल

पूर्व समय में वाराणसी में राजा ब्रह्मदत्त राज्य करता था। उस समय बोधिसत्व काशी राष्ट्र में ब्राह्मण-कुल में पैदा हुए। नामकरण के दिन तिरीटवच्छकुमार नाम रखा गया। क्रमशः आयु प्राप्त होने पर तक्षशिला में शिल्प सीखा। आगे चलकर उसके माता-पिता की मृत्यु हो गई। इससे उसके मन में वैराग्य पैदा हुआ। उसने ऋषि-प्रव्रज्या ले ली। अरण्य में फल-मूल आदि खाकर रहने लगा।

उस समय वाराणसी राष्ट्र के प्रत्यन्त देश में बलवा मचा। वहां जाकर राजा युद्ध में पराजित हुआ। मरने के भय से हाथी के कन्धे पर चढ़कर एक ओर भागा। अरण्य में विचरता हुआ पूर्वाह्न समय में वह तिरीटवच्छ के आश्रम पर पहुंचा। उस समय वह फल-मूल लेने के लिए बाहर गया हुआ था। तपस्वियों का आश्रम है, जान राजा हाथी से उतरा। हवा-धूप से क्लान्त हो गया था। प्यास के मारे इधर-उधर पानी खोजने लगा। वहां कुछ भी दिखाई न दिया।

चंक्रमण के स्थान पर जलाशय दिखाई दिया, लेकिन पानी निकालने के लिए रस्सी-घड़ा कुछ न था। वह प्यास रोकने में असमर्थ था। हाथी को जलाशय के पास खड़ा कर उसके पेट में बंधे जोत को पैर में बांध कर उसके सहारे जलाशय में उतरा। जोत पानी तक न पहुंची। बाहर निकलकर चादर को जोत के सिरे पर बांधकर फिर उतरा। तब भी नहीं हुआ। उसने अगले पैर से पानी का स्पर्श करके थोड़ी प्यास बुझाई।

अत्यन्त प्यास होने के कारण सोचा, "मरना ही हो तो अच्छी तरह मरना ठीक है।" उसने जलाशय में कूदकर इच्छाभर पानी पिया। निकलने में असमर्थ होने के कारण वहीं पड़ा रहा। हाथी सुशिक्षित था। वह कहीं न

जाकर राजा का इन्तजार करता हुआ वहीं खड़ा रहा।

बोधिसत्व शाम के समय फल आदि लेकर आए। हाथी को देखकर सोचा, "राजा आया होगा। हाथी कसाकसाया मालूम पड़ता है। क्या कारण है?" वे हाथी के समीप गए। हाथी उनका आना जानकर एक ओर खड़ा हो गया।

बोधिसत्व ने राजा को जलाशय में देखकर कहा, "महाराज! मत डरें।" आश्वासन देकर सीढ़ी बांधकर राजा को निकाला। उसके शरीर को दबाकर, तेल मलकर, स्नान करके फल आदि खिलाए, तब हाथी का बन्धन खोला। राजा ने दो-तीन दिन तक विश्राम किया और बोधिसत्व ने अपने यहां आने की प्रतिज्ञा कराके चला गया।

बोधिसत्व भी महीने-आधे महीने बाद वाराणसी गए। उद्यान में रहकर दूसरे दिन भिक्षा के लिए घूमते हुए राज-द्वार पहुंचे। बड़ी खिड़की खोलकर राजांगण में देखते हुए राजा ने बोधिसत्व को देखा। पहचानकर प्रासाद से उतर, प्रणाम कर, महाप्रासाद पर लाकर, ऊंचे किए हुए श्वेत छत्र के नीचे राजसिंहासन पर बैठाया। अपने लिए बने आहार का भोजन कराया। उद्यान में लाकर उसके लिए चंक्रमणादि से घिरा हुआ निवास स्थान तैयार कराया। प्रव्रजितों की सभी आवश्यक चीजें देकर उद्यानपाल को सौंपकर प्रणाम करके गया।

तब बोधिस्वत राज-दरबार में भोजन करने लगे। बहुत आदर-सत्कार हुआ। उस आदर को न सह सकने वाले अमात्यों ने सोचा, "कोई योद्धा इस प्रकार का सत्कार पाता हुआ क्या नहीं कर सकता?" उन्होंने उपराज के पास जाकर कहा, "देव! हमारा राजा एक तपस्वी से बहुत ममत्व रखता है। उसने उसमें क्या गुण देखे? आप भी राजा के साथ मन्त्रणा करें।"

उसने 'अच्छा' कहकर स्वीकार किया। अमात्यों के साथ राजा के पास जाकर वह बोला-

"यह कुछ विद्या नहीं जानता। न आपका बन्धु है, न मित्र है। तो किस कारण से हे तिरीटवच्छ! यह त्रिदण्डी श्रेष्ठ भोजन पाता है?"

यह सुनकर राजा ने पुत्र को आमन्त्रित किया, "तात! क्या तुमको याद है कि जब मैं सीमा के बाहर जाकर युद्ध में पराजित होकर दो-तीन दिन तक

नहीं आया था?"

"याद है।"

"तो इसी के कारण मुझे जीवन मिला। अपने जीवन-दाता के अपने पास आने पर मैं राज्य देकर भी उसका बदला नहीं चुका सकता।"

तब से लेकर उपराज, अमात्य या और कोई राजा से कुछ न कह सका।

तृष्णा का दूत

पूर्व समय में वाराणसी में राजा ब्रह्मदत्त राज्य करता था। उस समय बोधिसत्व उसका पुत्र होकर पैदा हुआ। आयु प्राप्त होने पर तक्षशिला जाकर शिल्प सीखा। पिता के मरने पर राजा बना।

वह भोजन के बारे में बहुत शुद्धाशुद्ध विचार करने वाला था। इसलिए उसका नाम भोजन-शुद्धिक राजा पड़ा। वह ऐसा भोजन करता था कि उसकी एक थाली का मूल्य एक लाख होता। खाते समय घर के अन्दर बैठकर नहीं खाता था। अपने भोजन-विधान को देखने वाली जनता को पुण्य देने की इच्छा से वह राज्य-द्वार पर रत्न-मण्डप बनवाकर, भोजन के समय उसे अलंकृत करवा ऊंचे उठे हुए स्वर्णमय श्वेतछत्र के नीचे राज-सिंहासन पर बैठकर क्षत्रिय कन्याओं से घिरा एक लाख की सोने की थाली में सात प्रकार का भोजन करता।

एक अति लोभी मनुष्य के मन में उस भोजन के खाने की इच्छा हुई। वह इच्छा को न रोक सकता था। उसे एक उपाय सूझा। उसने वस्त्रों को कसकर पहना। हाथ उठाकर "भो! मैं दूत हूं, दूत हूं," चिल्लाता हुआ राजा के पास पहुंचा।

उस समय उस जनपद में 'दूत हूं' कहने वाले को कोई नहीं रोकता था। इसलिए जनता ने दो हिस्सों में विभक्त हो उसे रास्ता दे दिया। उसने जल्दी से आकर झपकटकर राजा की थाली से भात का एक कौर लेकर मुंह में डाल लिया। अंगरक्षक ने उसका सिर काटने के लिए तलवार उठाई। राजा ने मना किया। "मत डरो, भोजन करो।" कहकर राजा ने अपना हाथ खींच लिया और हाथ धोकर बैठा। उसके भोजन कर चुकने पर अपने पीने का पानी तथा पान देकर पूछा, "हे पुरुष! तू अपने को दूत कहता है; तू किसका

दूत है?"

"महाराजा, मैं तृष्णा का दूत हूं, पेट का दूत हूं। तृष्णा ने मुझे आज्ञा देकर दूत बनाकर भेजा है—तू जा।"

"मैं उस पेट का दूत हूं जिसके वशीभूत हो लोग अपने शत्रु के यहां भी मांगने जाते हैं। राजन्! मुझ पर क्रोध न करें।"

राजा उसकी बात सुनकर सोचने लगा, "सचमुच प्राणी पेट के दूत हैं, तृष्णा के वशीभूत विचरते हैं। तृष्णा ही प्राणियों को चलाती है। इस व्यक्ति ने ठीक कहा है।" राजा ने इसका जवाब दिया—

"हे ब्राह्मण! तुझे बैलों के साथ हजार लाल गौवें देता हूं। दूत दूत को कैसे न दे? हम भी उसी तृष्णा के दूत हैं।"

स्त्री आकर्षण

पूर्व समय में वाराणसी में राजा ब्रह्मदत्त राज्य करता था। वह पुत्र-विहीन था। उसने अपनी स्त्रियों को पुत्र-प्रार्थना के लिए कहा। वे पुत्र के लिए प्रार्थना करती थीं। इस प्रकार समय बीतते हुए बोधिसत्व ब्रह्मलोक से च्युत होकर पटरानी की कोख में पैदा हुआ। उसे पैदा होते ही नहलाकर स्तन पिलाने के लिए दाई को दिया। वह दूध पिलाए जाने पर रोता था। तब उसे दूसरी को दिया। स्त्रियों के हाथ में वह चुप ही नहीं होता था। तब से उसे एक नौकर को सौंपा। उसके हाथ में लेते ही चुप हो गया। तब उसे पुरुष ही लिए रहते। स्तन पिलाना होता तो दुहकर पिलाते अथवा पर्दे की ओट से स्तन मुंह में डालते। वह क्रमशः बड़ा होता गया, किन्तु स्त्रियों को देखना उसने पसन्द नहीं किया। इसलिए राजा ने उसके बैठने-सोने का स्थान अलग बनवाया।

राजकुमार सोलह वर्ष का हुआ। राजा सोचने लगा, "मेरे दूसरा पुत्र नहीं है। यह काम-भोग में रस नहीं लेता। राज्य की भी इच्छा नहीं करता। मुझे पुत्र मुश्किल से मिला है।" तब उसने पुरुषों की परिचर्या कर उनको वश में करने वाली, नाच, गीत और बजाने में पटु, एक नटी को बुलवाकर कहा-

"अगर स्त्री की गन्ध से अपरिचित मेरे कुमार को लुभा सकेगी तो वह राजा होगा और तू पटरानी।"

"देव! इसकी जिम्मेवारी मेरी। आप चिन्ता न करें।"

वह पहरेदारों के पास जाकर बोली-

"मैं प्रातःकाल आकर आर्यपुत्र के शयनगृह से बाहर खड़ी होकर गाऊंगी। अगर वह क्रोधित हो तो मुझसे कहना। मैं चली जाऊंगी। अगर सुने तो मेरी तारीफ करना।"

उन्होंने 'अच्छा' कहकर स्वीकार किया। प्रातःकाल उस जगह खड़ी

होकर, वीणा के स्वर से गीत का स्वर और गीत के स्वर से वीणा का स्वर मिलाकर, मधुर स्वर में गाने लगी। कुमार सुनता हुआ लेटा रहा। दूसरे दिन कुमार ने नजदीक आकर गाने की आज्ञा दी। अगले दिन अपने शयनागार के पास आकर गाने की आज्ञा दी। अगले दिन अपने पास आकर। इस प्रकार क्रमशः तृष्णा उत्पन्न करके, लोकधर्म सेवन करके, वह काम-रस से परिचित हो गया। 'स्त्री दूसरे को नहीं दूंगा' कहता हुआ, तलवार लेकर, गली में निकल, पुरुषों के पीछे-पीछे दौड़ने लगा।

राजा ने उसे पकड़वाकर उस नटी के साथ नगर में बाहर निकलवा दिया। दोनों अरण्य में प्रविष्ट हुए। गंगा के नीचे, समुद्र के ऊपर, आश्रम बनाकर रहने लगे। नटी पर्णशाला में बैठकर कन्द-मूल आदि पकाती थी। बोधिसत्व अरण्य से फल-फूल लाता।

एक दिन जब वह फल-मूल लेने गया तो एक समुद्र-द्वीपवासी तपस्वी भिक्षा के लिए आकाश-मार्ग से जाता हुआ, धुआं देखकर आश्रम पर उतरा। नटी ने उससे कहा कि जब तक पके तब तक बैठो। उसने तपस्वी को बैठाकर स्त्री हाव-भाव से मोहित कर, ध्यान से च्युत कर, उसका ब्रह्मचर्य अन्तर्धान कर दिया। वह पंख कटे कौवे के समान हो गया। उसे छोड़कर नहीं जा सकता था। उस दिन वहीं रहा। फिर बोधिसत्व को आता देखकर समुद्र की ओर भागा। बोधिसत्व ने अपना शत्रु समझकर उसका पीछा किया। तपस्वी आकाश में उड़ने का प्रयत्न करता हुआ समुद्र में गिर पड़ा। बोधिसत्व ने सोचा, "यह तपस्वी आकाश-मार्ग से आया होगा। ध्यान के नष्ट होने से समुद्र में गिरा। मुझे अब इसकी सहायता करनी चाहिए।" उसने समुद्र के किनारे खड़े होकर कहा-

"ऋद्धि-बल से आकाश-मार्ग से आकर अब स्त्री के संसर्ग के कारण समुद्र में डूबता है। ठगने वाली महामाया, ब्रह्मचर्य को प्रकुपित करने वाली स्त्रियां, पुरुष को डुबा देती हैं। जिस पुरुष से यह सम्बन्ध करती हैं, चाहे राग से, चाहे धन-लोभ से, उसे वैसे ही शीघ्र जला देती हैं, जैसे आग अपने स्थान को। यह जानकर स्त्रियों से दूर रहे।"

इस प्रकार बोधिसत्व के वचन सुनकर तपस्वी समुद्र में खड़े-ही-खड़े फिर ध्यान को प्राप्त कर आकाश से अपने निवास स्थान को गया।

बोधिसत्व ने सोचा, "यह तपस्वी इस प्रकार भारी शरीर वाला है, सो सेमर की रुई के समान आकाश-मार्ग से उड़ गया। मुझे भी इसकी तरह ध्यान उत्पन्न कर आकाश में विचरना चाहिए।" वह आश्रम लौटकर उस स्त्री को बस्ती ले जाकर छोड़ आया, "तू जा।"

स्वयं अरण्य में प्रविष्ट हो, सुन्दर स्थान में आश्रम बना, ऋषि-प्रव्रज्या ले, ध्यान कर, अभिज्ञा तथा समापत्तियां प्राप्त कर ब्रह्मलोक गया।